GRADUATION DESIGN CONTEST 2023

埼玉建築設計監理協会主催　第23回 卒業設計コンクール　**作品集**

JN027698

総合資格学院

 INTRODUCTION

は じ め に

一般社団法人 埼玉建築設計監理協会の次世代育成事業として

建築系学生奨励事業委員会が中心となり卒業設計コンクール展を開催しております。

今回第23回を迎え、令和5年4月22日から25日まで開催いたしました。

本年は開催場所が川口リリアと言うことで多くの作品の展示が困難であることから、

各大学3作品と言う制限を設けなくてはならなくなりました。

しかし、9大学11学部の29作品に参加いただき、

埼玉を題材にした作品17作品、自由作品12作品が、開催日前からwebにより公開され多くの会員、

及び協賛いただいた方々に事前にご覧いただきました。

4月23日（日）に審査の日を迎え、審査員にはリアルな作品に真剣に向き合い、ご覧いただきました。

その後に投票していただき、各賞が決定されました。

本卒業設計コンクール展に協賛していただいております埼玉県、さいたま市、各団体のおかげで

このように盛大な展覧会が開催できたことに感謝申し上げます。

また、特別審査委員長 岩城和哉教授をはじめ各大学の先生方に深く感謝申し上げます。

当卒業設計コンクールでは埼玉県内の場所、自由な場所を設定することが出発点となり、

この場所（土地）を調査しそこから生まれる発想がコンクールの核となっていると思います。

出展された作品も建築の改修・土木的な作品と多岐にわたっています。

今回23回目となり、建築系学生にとって一生に一度しか出展できない作品であることから、

社会に出てもこの経験が一生の宝となることでしょう。

結びに、卒業設計コンクール展に協賛いただき、また、作品集の発行もお引き受けいただいた総合資格学院様、

そして出版局の皆様に感謝と御礼を申し上げます。

一般社団法人 埼玉建築設計監理協会 会長　　神田 廣行

協賛および作品集発行にあたって

当学院は、建築の道を志す学生の皆様のお手伝いとして、
全国各地で開催されている学生設計展など、
建築系のイベントを積極的に支援しています。
本年も、埼玉建築設計監理協会主催卒業設計コンクールへ協賛し、
本コンクールをまとめた作品集を発行いたしました。
今回で23回目を迎えた歴史ある本コンクールは、
地域の課題へ意欲的に取り組んだ作品が毎年多く出展されています。

本作品集が社会に広く発信され、多くの方々に読み継がれていくことを願っております。
そして、本コンクールに参加された学生の方々、また本作品集をご覧になった若い方々が、
時代の変化を捉えて新しい建築の在り方を構築し、
高い倫理観と実務能力を持った建築家そして技術者となって、
将来、家づくり、都市づくり、国づくりに貢献されることを期待しています。

総合資格 代表取締役　岸　和子

CONTENTS

埼玉建築設計監理協会主催 建築系学生奨励事業
第23回 卒業設計コンクール 概要

［主　旨］
昨今の都市計画や建築デザインにおいても、
ICT革命時代にふさわしい斬新な発想が求められている。
そのような中、新しい世紀の第一線で活躍が期待される建築系学生の能力向上、
育成を図る目的で、次代を先取した意欲ある作品を募集し、
若い学生たちの考える創造価値と熱意を奨励する。
特に、「埼玉」を分析し、再構築を試みることによりまちづくりの活性化を図り、
地域を変える起爆剤となるような夢溢れる作品を望む。

［テーマ］
地元「埼玉」について積極的に考え、課題を掘り起こした作品を広く募集するとともに、
各人の選定した自由テーマとする。

［募集作品］
①埼玉をテーマとした作品（埼玉県知事賞対象候補）
②自由作品
上記の分類による都市や建築デザインをテーマとした個人作品の卒業設計を対象とする。

［参加校］
工学院大学／芝浦工業大学／実践女子大学／東京電機大学／東洋大学／
日本工業大学／日本女子大学／日本大学／ものつくり大学

［日　程］
審査会
　2023年4月23日（日）　12:30〜

展示期間
　2023年4月22日（土）　13:00〜17:00
　2023年4月23日（日）　10:00〜17:00
　2023年4月24日（月）　10:00〜17:00
　2023年4月25日（火）　10:00〜12:00

［会　場］
川口リリア　展示ホール

ORGANIZATION LIST

開催団体一覧

［主　催］

一般社団法人 埼玉建築設計監理協会

［共　催］

一般社団法人 日本建築学会関東支部埼玉支所
一般社団法人 埼玉建築士会
一般社団法人 埼玉県建築士事務所協会
公益社団法人 日本建築家協会関東甲信越支部埼玉地域会（JIA埼玉）
一般社団法人 埼玉県建設産業団体連合会
埼玉県住宅供給公社
一般財団法人 さいたま住宅検査センター

［協　賛］

一般社団法人 埼玉県建設業協会
一般財団法人 埼玉県建築安全協会
総合資格学院
日建学院
生和テクノス 株式会社
松坂屋建材 株式会社
エスケー化研 株式会社
生涯スポーツ建設 株式会社
株式会社 中西製作所
大成建設 株式会社
和光建設 株式会社
株式会社 田中工務店
吾妻工業 株式会社
株式会社 佐伯工務店
株式会社 島村工業
スミダ工業 株式会社
株式会社 八洲電業社
株式会社 蓮見工務店

［後　援］

埼玉県
さいたま市
テレビ埼玉

入念なリサーチで場所のポテンシャルを引き出す

審査委員長
岩城 和哉
（東京電機大学 教授）

昨年に引き続き、本コンクールを対面で開催できたことを大変嬉しく思います。開催のためにご尽力いただいた埼玉建築設計監理協会ほか関係者の皆さんに、この場を借りてお礼を申し上げます。今年は応募29作品のうち、埼玉県知事賞の対象作品が過半数を占めました。具体的には全体の6割に当たる17作品が埼玉県を敷地とした提案でした。本コンクールの大きな特徴である、埼玉という地域に根ざした提案の豊富化が着実に定着しつつあることを感じました。もちろん、埼玉以外を敷地とした作品も受け入れるという従来の方針は変わらず維持されています。

審査ではまず埼玉県知事賞の選定が行われました。17作品を対象とした投票の結果、上位2作品にプレゼンテーションと質疑応答の機会が与えら

CRITIQUE INTRODUCTION

特別審査員

委員長

岩城 和哉	東京電機大学 教授		竹内 宏俊	日本工業大学 准教授
			伊藤 暁	東洋大学 准教授
			名取 発	東洋大学 准教授
江川 香奈	東京電機大学 助教		北野 幸樹	日本大学 教授
荻原 雅史	東京電機大学 講師		今井 弘	ものつくり大学 教授
鈴木 俊治	芝浦工業大学 教授		江尻 憲泰	日本女子大学 教授

れ、決選投票によって埼玉県知事賞が決定しました。続いて埼玉県知事賞を除く28作品を対象に埼玉建築設計監理協会賞の選定が行われました。同じく投票結果上位2作品のプレゼンテーションと質疑応答ののちに決選投票が行われ、埼玉建築設計監理協会賞が選定されました。

　埼玉建築設計監理協会賞の投票においては、埼玉作品以外の作品が多くの票を集める結果となりました。この結果について、他の審査員の皆さんと意見交換を行ったところ、埼玉県は地理的な特徴、都市的な特徴、歴史的な特徴が他県に比べて、さほど際立っていないことが一因ではないかという意見がありました。確かに際立った特徴のある敷地を選ぶことで、解決すべき問題や設計の方向性を明確に定めることができ、それが高評価につながるという傾向

はあるかもしれません。

　一方、今回の埼玉作品では、一見、平凡に見える土地に対して入念なリサーチを行い、場所の潜在的なポテンシャルを引き出すことを試みた提案が多く見られました。最終成果物に対して高評価を得られないものもありましたが、その取り組みの方向性と費やされたエネルギーは着実に本人の糧となり、将来的にはそれが社会へと還元されるものと思います。この難しい取り組みを継続し、説得力と魅力を備えた提案へと昇華する力を身につけることで、埼玉作品が質的に充実してゆくことを期待します。

内藤 将俊　　実践女子大学 教授
山田 暁子　　埼玉県都市整備部建築安全課 課長
金子 文勇　　さいたま市建設局建築部保全管理課 課長
白江 龍三　　日本建築学会関東支部埼玉支所 支所長
丸岡 庸一郎　埼玉建築士会 副会長
戸井田 秀明　埼玉県建築士事務所協会 副会長

代田 正司　　日本建築家協会（JIA埼玉）会長
白石 明　　　埼玉県建設産業団体連合会 常務理事
高野 正弘　　埼玉県住宅供給公社 技術部長
高野 純司　　さいたま住宅検査センター 担当部長

AWARD WINNING WORKS

受賞作品一覧

埼玉県知事賞… 埼玉をテーマとした最も優れた作品（1作品）

「北本循環交流神社　氏子が生み出す多世代コミュニティ」
宮本 早紀（実践女子大学生活科学部生活環境学科）

準埼玉賞… 埼玉をテーマとした優れた作品（1作品）

「Green.Blue.Stage.Less　世界を導く・大宮　浮遊鉄道・都市計画」
高波 晴夏（実践女子大学生活科学部生活環境学科）

埼玉建築設計監理協会賞… 募集作品の中で最も優れた作品（1作品。埼玉県知事賞受賞作品を除く）

「東京浸透水域　―根となる擁壁の更新と幹となる建築の更新―」
馬場 琉斗（工学院大学建築学部建築学科）

準埼玉建築設計監理協会賞… 募集作品の中で優れた作品（1作品。埼玉県知事賞受賞作品を除く）

「受け継ぐ学び舎　厩の改修と道具小屋の再生による養沢活性化」
野本 榛奈（日本工業大学建築学部建築学科）

特別審査員賞… 各大学の先生による審査（3作品）

①「自然と暮らす　他生物の器となりうる建築」
山口 華奈（東洋大学理工学部建築学科）

②「仮設的な山羊小屋のビルド／デザイン　埼玉県東松山市農園の看板ヤギレスキュー」
渡邉 啓介（ものつくり大学技能工芸学部建設学科）

③「生木の風化と循環を体感する　原始の思考と現代の技術で再生する人工林」
平原 朱莉（日本女子大学家政学部住居学科）

JIA 埼玉優秀賞… 優秀な提案、建築家にふさわしい作品（3作品。卒業設計を行った年度において、大学・学科の所在地が埼玉県内である応募者の中で優れた作品は、本人の意思を確認のうえ、JIA 主催全国学生卒業設計コンクールに3作品程度推薦する。 JIA 埼玉優秀賞は JIA 埼玉会員が独自に選出し、1次審査を書類選考、2次審査をオンラインによるプレゼンテーションにより選考。）

JIA 埼玉最優秀賞

「自然と暮らす　他生物の器となりうる建築」
山口 華奈（東洋大学理工学部建築学科）

JIA 埼玉優秀賞

①「受け継ぐ学び舎　厩の改修と道具小屋の再生による養沢活性化」
野本 榛奈（日本工業大学建築学部建築学科）

②「高架×学び舎　首都高速道路の保存及び機能転用」
高井 祐来・陳 禹行（東京電機大学理工学部建築・都市環境学系）

埼玉県住宅供給公社賞… まちづくりを題材とした作品（1作品）

「みちが続く先に」
野口 裕莉菜（日本大学生産工学部建築工学科）

さいたま住宅検査センター賞… 住宅を題材とした優れた作品（2作品）

①「自然回帰　土に還る納骨堂と朝鮮半島の歴史の継承」
向田 大亮（東洋大学ライフデザイン学部人間環境デザイン学科）

②「痕跡への応答　―釜石鉱山跡地における資料館の提案―」
阿部 泰征（工学院大学建築学部建築デザイン学科）

総合資格学院賞… 社会に飛び出す若駒のエネルギッシュな作品（2作品）

①「農と食のふれあいファーム　菖蒲町における自然と共存する交流拠点」
齋木 陸斗（日本工業大学建築学部建築学科）

②「ヤネが織りなす意識の拡張　―草加の核となる生活ケア拠点―」
今泉 友希（芝浦工業大学システム理工学部環境システム学科）

日建学院賞… 来場者の投票により選ばれた作品（2作品）

①「高架×学び舎　首都高速道路の保存及び機能転用」
高井 祐来・陳 禹行（東京電機大学理工学部建築・都市環境学系）

②「IORI ―庵―　グリーンロードから始まる地域の一期一会」
冨永 典子（芝浦工業大学システム理工学部環境システム学科）

※左記の選考基準は予定であり、出展状況により異なることがあります。

※埼玉県知事賞と埼玉建築設計監理協会賞では、副賞として海外研修旅行目録が贈られます。前回の受賞者の研修旅行記を、P74〜で紹介しています。

■ 埼玉県知事賞

北本循環交流神社

氏子が生み出す
多世代コミュニティ

[Program] 複合交流施設
[Site] 埼玉県北本市

地元である、埼玉県北本市には多くの神社がある。神社の役員である責任役員や祭事等に関わる総代は地域活動に積極的であるが、高齢であることが多く、年々衰退の兆しがみられる。神社自体も跡継ぎがいない等の理由から、宮司が常勤する神社が減り、北本市では高尾氷川神社、1社のみとなっている。一方で神社にはまだ子どもたちや地域の人々にも楽しんでもらえる伝統が残る。夏には屋台も出る祭りが行われ、新年の初詣には年明けとともに夜中から多くの参拝者が参道に並ぶ。

神社の文化が残りつつも失われ始めている今が再生の最後のチャンスであると考え、まだまだ社会活動に貢献したい氏子を中心とした文化圏のつながりを創り出し、神社が生み出す多世代コミュニティプログラムを提案する。

宮本 早紀
Saki Miyamoto

実践女子大学
生活科学部
生活環境学科
内藤将俊研究室

進路 ▶ 公務員

北本市の神社

[髙尾氷川神社・兼務社]

髙尾氷川神社　須賀神社　本宿天神社　東間浅間神社　石戸八雲神社

石戸氷川神社　厳島神社（弁財天）　竹乃子浅間神社　黒稲荷神社　二ツ家稲荷神社

蔵前愛宕神社　北袋神社　遠藤稲荷神社

[他神社の兼務社]

石戸神社　中

白山神社　石

石戸宿八雲神社

学び

動き

本宿天神社：音楽

宮内氷川

社殿やその周りで合唱や合奏ができる階段ステージを有する空間。

簡単なエク
木陰のベン

髙尾氷川神社：植物

石戸氷川神社：語学

白山神社：習字

中丸氷川

バスルートとゾーンの設定

凡例：
- 卍 神社
- ○ 小学校
- □ 幼稚園・保育園・こども園
- ● 老人ホーム
- ◎ 市役所
- ■ 病院
- ☆ 駅
- △ 団地

- ―― 「学び」
- ―― 「遊び」
- ―― 「動き」
- ―― 自転車

マッピングした施設と神社を中心に市内を循環するバスルートと近隣の神社をつなぐ自転車や徒歩のルートを設定する。バスはワゴン車を想定。バスルートを3つの項目にゾーニングする。寺子屋のように神社を使用し、子どもたちも高齢者も一緒になって交流できるテーマとしてこの3つの項目を選択した。

「学び」学習や文化など年齢に関係なく学ぶ
「遊び」自然と触れ合いながら年齢の壁をなくして交流を育む
「動き」無理なく継続的にエクササイズを行う

道

明神社　宮内氷川神社　宮内厳島神社
八幡宮　コッホ北里神社　金毘羅権現堂

東間浅間神社～本宿天神社

石戸氷川神社～石戸八雲神社

遊び

操

だまり
空間

東間浅間神社：アナログゲーム

木々に囲まれた小さな部屋に設置された
ボードゲームや将棋を楽しむ空間。

石戸宿天神社：パラスポーツ　北袋神社：体操

神明神社：パーティ

石戸八雲神社：
手作り道具遊び（内）

八幡宮：
手作り道具遊び（外）

Green.Blue.
Stage.Less

世界を導く・大宮
浮遊鉄道・都市計画

Program 住宅・オフィス等の複合施設
Site 埼玉県さいたま市大宮区

いくつかの大手自動車メーカーでは、空飛ぶ車や物流ドローンの開発が行われており、地上の交通インフラが軽減され空に移る日が近いと言われている。我々は地球の次は宇宙で生活すると考えてきたが、空やインフラから解放された地上に、魅力ある生活空間を構成する手法を探り、都市研究の対象を広げることが必須であると考える。大宮は数々の新幹線や在来線、幹線道路や高規格幹線道路が集中し、日本の都市交通インフラをリードしてきており、その駅周辺を対象地とする。都市には緑豊かなGreenStageと霞のようにかかっているBlueStageがあり、その間には両都市とつながるStageLessがある。それぞれが互いに影響を及ぼし合い、より刺激的で豊かな世界を提案する。

高波 晴夏
Haruka Takanami

実践女子大学
生活科学部
生活環境学科
内藤将俊研究室

進路 ▶ 社会人

Blue Stage

ベランダ
会議室
仮眠室
オンラインスペース
ソファースペース
キッチン
コワーキングスペース

労働環境のための高層ビルなどが密集した先進的な生活を送るステージである。光や雨がふりそそぐ空隙を取り囲むような光り輝く都市が創出される。
ファサードにはアクティブな空間が浮かび、フロアにはユニバーサルスペースが広がる。コアを中心にもつ各層が螺旋状に配置されたコミュニティボリュームで繋がっていく。各建物の最下層部には空飛ぶ車を駐車できる車のプールを設ける。

Green Stage

木々が豊かで緩やかな起伏をもつステージの中に縫うような散歩道と小さな家々が存在する居住空間で大地と緑と共生しながらのんびりと健康的な生活を送る牧歌的なステージである。住宅は1階に、家族が団欒できるリビングを設置し、地下へと伸びる地中ハウスと地上へと伸びるツリーハウスの2種類が存在する。1階のリビングは、引き戸を開けると屋外との境界が曖昧になるため自然の中に入り込む空間となる。

Stage Less

空飛ぶ車や電車等の交通のインフラの役割を担う隙間の空間となる。各 Stage の移動は、空飛ぶ車、空飛ぶバス、空飛ぶ電車となる。1階には駅や、タクシー乗り場があり2階にバス停を設置する。空飛ぶ電車は、空飛ぶバスが連なっているような乗り物であるが、空飛ぶバスと違いルートが決まっている。Blue Stage の上空に飛行場を設置し、各 Gravity からアクセスが可能となる。

Gravity

各 Gravity の主な施設
①水族館   ④高校・競技場
②保育園・小学校 ⑤動物園
③農場   ⑥大学・美術館

Blue Stage と Green Stage の間の両都市を引き合う建築である。Gravity の内部には、仕事と生活をつなぐ文化的な空間が存在し、水族館・高校・保育園・動物園・農場・大学と大きく分けてメインの空間を6つに分け設計する。この空間の L 字部分には人工的な自然の広場が広がっており、自然に溢れた Green Stage から人工的に植えられた自然のある Gravity、人工的な Blue Stage に繋がる。

■ 埼玉建築設計監理協会賞

東京浸透水域

―根となる擁壁の更新と
　幹となる建築の更新―

Program 公共空間、複合施設
Site 東京都北区東田端

東京に浸透水域をつくる。現代の建築、土木は目に見える上層のコンテクストしか考えられていないと感じる。目に見えない土中環境について考えることがこれからの時代に求められるのではないか。大地に蓋をしている擁壁、建築を更新することで、土木の寿命、大地への荒廃した関係、緑地の減少など土木の転換期である現在に、動植物の生息域、人のコミュニティ、新しい風景を見せる。リノベーションではなく、今後も必要不可欠な土木インフラに対しての新たな共生作法、解決策として浸透していく。

馬場 琉斗
Ryuto Baba

工学院大学
建築学部
建築学科
冨永祥子研究室

進路▶工学院大学大学院

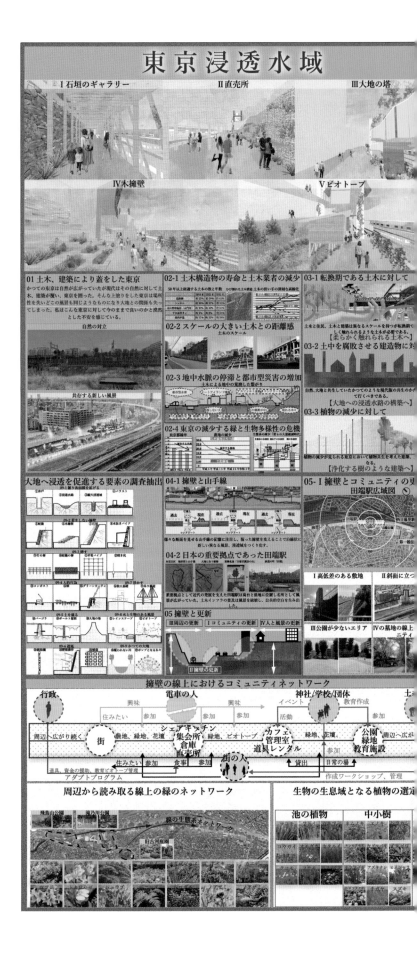

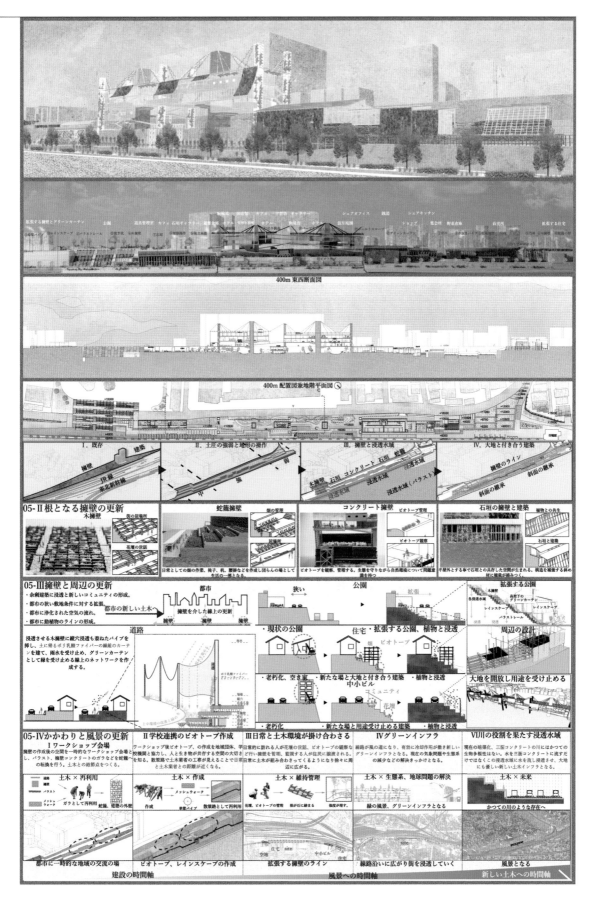

400m 東西断面図

400m 配置図兼地階平面図

I. 既存　II. 土圧の強弱と地形の操作　III. 擁壁と浸透水域　IV. 大地と付き合う建築

05-II 根となる擁壁の更新

木擁壁　蛇籠擁壁　コンクリート擁壁　石垣の擁壁と建築

05-III 擁壁と周辺の更新

・余剰建築に浸透と新しいコミュニティの形成。
・都市の狭い敷地条件に対する拡張。
・都市に浄化された空気の流れ。
・都市に動植物のラインの形成。

都市の新しい土木へ

拡張する公園

周辺の設計

大地を開放し用途を受け止める

05-IV かかわりと風景の更新

I ワークショップ会場　II 学校連携のビオトープ作成　III 日常と土木環境が掛け合わさる　IV グリーンインフラ　VI 川の役割を果たす浸透水域

土木 × 再利用　土木 × 作成　土木 × 維持管理　土木 × 生態系、地球問題解決　土木 × 未来

都市に一時的な地域の交流の場　ビオトープ、レインスケープの作成　拡張する擁壁のライン　線路沿いに広がり街を浸透していく　風景となる

建設の時間軸　　風景への時間軸　　新しい土木への時間軸

■ 準埼玉建築設計監理協会賞
■ JIA埼玉優秀賞

受け継ぐ学び舎

厨の改修と
道具小屋の再生による
養沢活性化

―――――

Program カフェ・工房・道具小屋
Site 東京都あきる野市養沢

養沢は、かつて林業で生活基盤を確立していたが外国資材による国産材需要の低下や高齢化が増加したことにより、継承できず衰退してしまっている。そのため、活用されていない人工林を使い新しいビジネスを展開していく必要がある。一方、養沢の活性化について活動している個人や団体は複数存在しているが、それぞれの活動がつながることが少なく、養沢の将来に向けた大きなビジョンは示されていないことがわかった。従って、養沢で活動している団体をつなぎ、互いに協力し合いながら、地域全体で活性化を目指すことが重要だと考える。本計画では、活性化に向けて活動する人を結び、地域資源を活用できる学びの場の設計を目指す。計画地にある厨は改修し、廃屋は解体し道具小屋を新築した。

野本 榛奈
Haruna Nomoto

日本工業大学
建築学部
建築学科
樋口佳樹研究室

進路 ▶ ヒノキヤグループ

厨の現状写真
・道具が大量に置かれ、床を踏むと沈む。
・雨風にさらされ部材の傷みや汚れが目立つ。

厨の改修前模型写真
・調査から現状の厨の軸組模型を製作。
・部材の汚れや傷み具合、梁が腐って落ちている箇所を表現。

厨の改修前模型写真
・改修後は「学びのカフェ」として地域の人々をつなぐ場所になる。
・濃い色の木材は既存の部分、薄い色の木材は新しく取り付けた部分。
・既存の部材を活かすことで厨として使われていた歴史を受け継ぐ。

厩の改修後は「学びのカフェ」とし、養沢の歴史や林業の道具展示、体験工房などができる場とする。カフェ経営を地域住民が行うことで養沢の魅力を伝えるだけでなく、地域問題の意識向上につながる。また、観光客を取り入れるだけでなく、工房や会議室、カフェの裏に続く山を活用できることにより、ビジネス展開できる設計となっている。

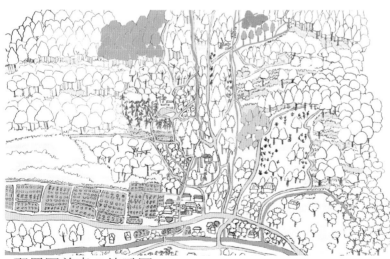

配置図兼森の俯瞰図

東京都あきる野市養沢の大山主である池谷さんの敷地にある厩、蔵、山を含めた設計を行う。
森の俯瞰図は、育林ボランティアである「そらあけの会」の活動場所である池谷さんの山を中心に表現している。
森の中を複数の沢が流れているため山菜やワサビ、蛍やキツツキなど様々な動植物を見かけることができる。

■ 特別審査員賞
■ JIA埼玉最優秀賞

自然と暮らす

他生物の器となりうる建築

――――――

Program 店舗兼用住宅
Site 埼玉県さいたま市中央区新中里

樹木が林立する様子は、壁とは違い、疎密あるランダムな配置によって周囲にあいまいな奥行き感をつくり出す。落葉樹であれば夏は日差しを遮り、冬は取り込むなどと、足元の環境を季節ごとに調整してくれる。そんな樹木たちの挙動を感じながら送る生活を提案する。私は卒業設計を進めながら二冊の本を読んだ。ユクスキュル／クリサート著の『生物から見た世界』と、レヴィ・ストロースの『野生の思考』だ。これらの本を読み、自分が捉えている自然環境が実は実世界の一部分しか捉えられていないかもしれないと感じた。自然には、そんな人間の本質的なレベルを上げる力があると思っている。

山口 華奈
Kana Yamaguchi

東洋大学
理工学部
建築学科
工藤和美研究室

進路 ▶ 長谷建築設計事務所

01 背景

人は大自然や大都会の中にいると五感を総動員して環境を享受しようとする。例えば、森林などのパワースポットへ行くと、人はその場所の持つパワーを最大限取り込もうとする。

しかし一方で、風景が凡庸な街に暮らしていると体の感覚が内側に閉じていく。この状態が長く続くと感受性が衰えていってしまう。そこで都市の中にいながら大自然の中で暮らすことは可能だろうか、という考えが生まれた。

近年の住宅は環境への配慮が、環境との隔たりを生み出してしまっていると感じる。そんな近年の住宅に改善の余地があると考えた。

02 問題提起

建築にはまず、厳しい自然から身を守るという本質的な機能が求められる。それゆえ、災害を経験するたびに、自然と環境の境界はなくなり、人間と他生物の居場所の内外の分断は強くなっていった。

我々は、他生物が創り出す環境が豊かで美しいということはわかっている。だからこそ、庭に植栽をしたり、屋上や壁面を緑化したりする。しかし、建築を賑やかにする、人の居場所のための植物は人間の一方的な視点で計画されたものに思える。添景としての植は、他生物にとっては自らの居場所ではなく、拡張された人間の場所のようなあり方ではないか。

地球上で人も植物も土の中の虫たちもすべて生きているという点で共通している。ゆえに全ての生物は対等に生きる権利を持つのではないか。そこで、全ての生物の器となりうる建築は創り出せないだろうか、と考えた。人間と他生物が対等な建築を目指す。

03. I 敷地

【選定条件】
・自分が生まれ育った街
・自生の樹木が多く存在する場所
・大都市や大自然ではないこと

以上を条件とし、与野中央公園（の一部分）を敷地として設定した。

所在地：埼玉県さいたま市中央区新中里
アクセス：JR埼京線与野本町駅　徒歩9分
敷地面積：2,612㎡

与野中央公園は完全体となると、その面積8.1ヘクタールになる。

03. II 敷地調査

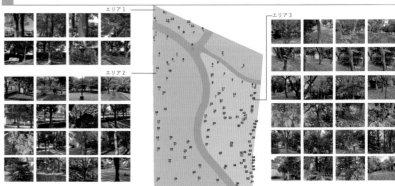

04 プログラム

用途：店舗兼用住宅

ここに住まう人だけでなく与野中央公園利用者や来訪者に向けて、活動を発信するために店舗機能を持たせた。暮らしに自然を取り入れるきっかけになりうる事業であることを条件に、以下四つの事業を提案する。

■ project 1 ： 畑のレンタルサービス

畑のレンタルを行うとともに近隣農家とも連携し、街に点在する小規模な圃場での作業の効率化を図る。「サポート付き貸し農園シェア畑」さいたま与野 と連携する。

■ project 2 ： 農家レストラン

地域作物を扱うレストランを経営する。地域の野菜を使うことで消費者、生産者の双方にメリットがある。環境面においても、輸送にかかる燃料や二酸化炭素の排出量を削減でき、地産地消行うことは、環境問題や食糧問題の解決にもつながる。

■ project 3 ： フラワーショップ

花の地産地消、ロスフラワー対策などのスローフラワー運動につながる取り組みを積極的に行う。廃棄される花を花農家から買い取り、販売を行う。

■ project 4 ： 都市林業

都市の伐採木を木材としても活かす、新しい地産地消を実現し素材を活かした街づくりに挑戦する。公園の維持管理も併せて行う。(参考：湧口善之「都市森林Project」)

レンタル畑内観

都市林業内観

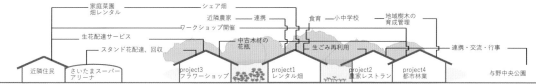

05 形態操作

■操作Ⅰ 「木立に建つ形」

樹木の位置を調査し、木立のすきまを見つける

木立に向き合うようにボリュームを配置

それぞれのボリュームに機能を持たせる

放射状の壁を配し、壁の長さを調整する

■操作Ⅱ .a 「高さに応じた樹木との関係」

樹木は上の方と下の方では、枝葉の茂り具合に違いがみられる。そこで高さが異なるいくつかの居場所を想定し、それぞれの床の高さが周囲の樹木とどのような関係を結べるか考えた。

樹冠に近づける位置に居場所をつくる

高さの異なるいくつかの居場所（床）を設定する

それぞれの居場所をつなぐことで様々な視点から樹木と向き合うことが可能になる

■操作Ⅱ .b 「斜面地建つ形」

斜面への設置の仕方は、居場所としての性格付けに大きくかかわる。

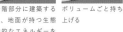

地形や既存樹木の位置などを考慮し、木立の根元に広がりを見つける

一階部分に建築すると、地面が持つ生態学的なエネルギーを抑圧してしまう

ボリュームごと持ち上げる

下には斜面がそのまま通過するような開放的な場が生まれる

06 設計

鳥瞰パース

■ 特別審査員賞

仮設的な
山羊小屋の
ビルド／デザイン

埼玉県東松山市農園の
看板ヤギレスキュー

Program 山羊小屋
Site 埼玉県東松山市上唐子

埼玉県東松山市には、田畑として利用されなくなった休耕地を再利用して管理者が知人らと開拓した畑等の農園がある。そこには草の繁殖を抑えるため、ヤギが飼育されており、仮設的で素人技で制作した山羊小屋はパレットと単管パイプで構成されていた。敷地周辺は台風や大雨の影響を受けやすい。そのため隙間や雨漏り、破損が多く、ヤギが生活する場は周りのGLより低く、浸水被害もある。「ヤギが鳴くと雨が降る」と言われるほどヤギは水や湿気を嫌い、暑さにも強くないため悪条件である。そのためヤギが安心できる小屋の制作が望まれた。
以上より、ヤギの行動や環境の変化に応じて可変しやすいように管理者と学生が施工しながら、農園全体の構想を担う仮設的なビルド/デザインを試みる。

渡邉 啓介
Keisuke Watanabe

ものつくり大学
技能工芸学部
建設学科
戸田都生男研究室

進路 ▶ 大工職

仮設的な山羊小屋のビルド / デザイン
埼玉県東松山市農園の看板ヤギレスキュー

コウメ（ボス）　シノ　コマ　テン　ショウ　ビワ　シャミ　こじろう　おにまる

■ヤギの生態資料集成

一定の距離を開ける又は壁を挟んだ状態で休息

ヤギどうしが一定の距離を開けて休息，もしくは壁を挟んだ状態で休息する。

個室の面積は半畳

ヤギ1匹当たりの休息に必要な面積は半畳以上である。

水気の無い場所での休息

湿気や水気を嫌い，乾いた土やパレットの上もしくは地面から離れた場所で休息を行う。

ヤギには序列があり，餌を集中させると取り合いになり頭突きする。

餌を集中させるとけんか

■農園の循環・敷地概要

ヤギの行動や環境の変化に応じて可変しやすいように管理者と学生が施工しながら農園全体の構想を担う仮設的なビルド / デザインを試みる。

小屋で使用する木造軸組みは大学の実習で制作したものを移築・改築した。

ヤギと人の農園（畑・建築）のサイクル

敷地所在：埼玉県東松山市上唐子
ヤギ用敷地面積：約1690㎡
ヤギ数：オス2匹・メス7匹

■行動分布図：特定の行動を図示（色が濃いほどその行動が多く見られた）

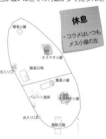

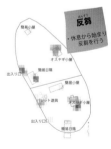

採食
・濃い部分は木影だった

休息
・コウメはいつもメス小屋の左

反芻
・休息から始まり反芻を行う

・大半を採食に費やし，若いヤギほど長い傾向。
・水気を嫌いパレットや乾いた土の上で休む。
・草や土フェンスに体をこすりつける姿が見られた。

・休む際は，一定の距離をあける。
・餌を人が与えると取り合いのけんかをする。
・ヤギの序列がみられた。

■構工法の検討：これまで農園と関わってきた経験を念頭に模型・工法・構法を検討。
既存の構造・農園にある資材・身近な資材・短工期で完成・単管や木材による拡張性・可変性。

検討模型 Vol.1

パレットを壁に利用。寝床は単管で組み，フンが清掃しやすい形状。複数の素材を組み込む。

検討模型 Vol.2

単管とパレットで増築。風に吹き飛ばされにくく，維持管理が容易。

単管パイプを掘り込み桟木にパレットを掛けるハイブリッドな納まりを検討。

■オスヤギ小屋設計案と施工中の変更点　S＝1：150　「ヤギ通路の拡張：エサ場・休憩所」

オスヤギ小屋設計案のA-A'断面図

オスヤギ小屋施工後のA-A'断面図

オスヤギ小屋設計案の平面図

オスヤギ小屋施工後の平面図

基礎・土台

屋根仕上げ

単管と遮光ネットで日陰の場を制作

オスヤギ小屋施工　ヤギと人に合わせた可変的なビルド/Reデザイン

オスヤギ小屋全景

■農園の配置図・スケッチ

「設計図に頼りすぎない現場での工夫」

オスヤギ小屋案

農機具小屋

新設オス小屋

オスエリア

既存オス小屋

既存メス小屋

メスエリア

新設メス小屋

既存オス小屋正面

既存メス小屋正面

「現場での施工の工夫を再図面化して学ぶ」

メスヤギ小屋案

メスヤギ小屋施工　終わらない進化と更新

メスヤギ小屋全景

■メスヤギ小屋設計案と施工中の変更点　S＝1：150　「ヤギ通路の拡張とエサ・道具置き場の増設」

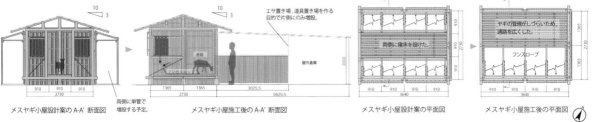

メスヤギ小屋設計案のA-A'断面図

メスヤギ小屋施工後のA-A'断面図

メスヤギ小屋設計案の平面図

メスヤギ小屋施工後の平面図

■ 特別審査員賞

生木の風化と
循環を体感する

原始の思考と
現代の技術で
再生する人工林

Program 道と小屋
Site 埼玉県秩父市

山とスギにとって良い環境を保ちながら、人間が生木の風化と循環を体感できる道と小屋を、"切株の建築基礎としての活用"という構造の研究を生かして提案する。人が山林に入ることにより、森林の滞在性が向上し、自然の循環を取り戻させることを目標とする。人優位な従来の建築ではなく、地球の自然環境に重きを置き、人と自然の優位を捉え直す、新しい建築の在り方である。
道の設計では、放置林の列状間伐で、人工林を循環させる。切株に遊歩道を掛けることで人工林を散歩するという楽しみ方が生まれ、上部の丸太は住宅地に表出させることで人の人工林に対する意識を変える。同時に点状間伐を進めて、生物多様性に良い針葉樹と広葉樹の混合林へと寄せていく。

平原 朱莉
Akari Hirabara

日本女子大学
家政学部
住居学科
江尻憲泰研究室

進路▶日本女子大学大学院

社会課題：人工林

木材生産という人間の都合で植えられた人工林と、
都市の分断が進んでいる。
放置された人工林が増加すると、土中環境が悪化し、
土砂災害の危険があるので、人間の関与が必要だ。

人が
介入しない
→分断

人工林の社会課題解決のために…

「切株を建築基礎として用いる」と、土壌や環境に良い建築となるのではないか？

人工素材のコンクリートで造られる、
コストが高い部位である"建築基礎"

⇒

樹木根は土のせん断強度を補強する、という
先行研究もある"切株"で代用

⇒ "木を植え、手入れをし、
育った木を切り、跡地にまた木を植える"
という林業で重要な循環が整うのではないか

構造分析

① 地盤調査
② 押込み試験［鉛直方向］
③ 水平載荷試験［水平方向］

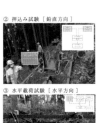

構造の数値比較の結果、
「切株を建築基礎に活用
できる」と判明した。

Concept

現在森林に親しい生活圏は、里山だが、人の生活と林は区分されている。
人は山を放置せず、積極的に山の中に入り、人工林の再生を行うべきである。

①
川上で、川下のような
豊かさをつくる。

②
山に長く居られる場を
つくる。

③
街に近い森をつくり、
散策・活用できるようにする。

生態系を保ったまま、自然の再生に有効な建物づくり が必要である。

【従来の自然的な建築】
建築（人の生活を守るもの）と
人が「依存」の関係

森林＝人間の敵

人の
安定的な生活

⇩

【提案する建築】
建築（森林を可視化したもの）と
人が「自立」の関係

森林の流れ
可視化する建築

人は安定的な生活を捨て、
建築から自立し、
森林に身を委ねる。

Site 埼玉県西武秩父駅付近のスギの人工林 20ha

街の近くで自由に立ち入りできるドイツのような森林を作りながら、
林業という仕事の重要さを見せる場所へ

・標高が低く都市に近い
・現在放置林となっている
・崩壊土砂流出危険地区

である、
約20haのスギの人工林が豊かに再生する方法を考え、
付随する住宅地に必要な施設を設計した。

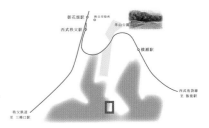

生木の循環 【住宅地 ↔ 人工林】

木材生産の循環を含めた
・道の設計
・住宅地への表出
・混合林への誘導

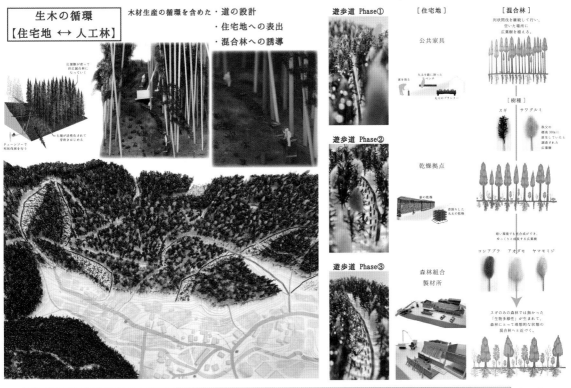

遊歩道 Phase①

遊歩道 Phase②

遊歩道 Phase③

[住宅地]

公共家具

乾燥拠点

森林組合
製材所

[混合林]
列状間伐を継続して行い、
空いた場所に
広葉樹を植える。

[樹種]

スギ　サワグルミ

秩父の標高300mに
自生していたと
調査された
広葉樹

暗い環境でも光合成ができ、
ゆっくり成長する広葉樹

コシアブラ　アオダモ　ヤマモミジ

スギのみの森林では無かった
「生物多様性」が生まれ、
森林にとって理想的な状態の
混合林へと近づく。

"木を切り倒して切株をつくる" → "遊歩道をつくる" → "丸太が住宅地に表出する" → "森が混合林へと誘導される" という
街での「生木の循環」が生まれ、人工林が切り開かれる。この森が、人に親しいフィールドとなり、人工林に手を加える契機となる。

生木の風化 【人工林内】

切株を建築基礎とし、腐朽に伴い移動する、
小さな小屋の設計

林のメンテナンスをするための、仮設的な人の拠点となる。
鳥や動物との衝突を避けるため、閉鎖的な空間とする。

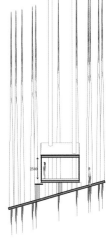

■ JIA埼玉優秀賞
■ 日建学院賞

高架×学び舎

首都高速道路の保存及び機能転用

[Program] 複合教育施設
[Site] 首都高速道路千代田区神田2丁目〜中央区日本橋小網町区間

日本橋上空を走る首都高速道路都心環状線は開通から半世紀以上が経過し、高架の高齢化や損傷により神田橋JCT〜江戸橋JCT間を、地下ルートで整備することになった。それに伴い既存高架や周辺オフィスビルを撤去する再開発がいま現在行われている。

国は躍起になって再開発を推し進めているが、果たして高速道路の撤去が前提のプロジェクトになってしまってはいないだろうか。

以上の問題提起のもと、今回の計画では高架と川に挟まれた14mほどの空間に着目した。この空間に小・中学校をつくり子どもの活気を取り入れていくことで新たな親水空間ができていく。

高井 祐来 Yuki Takai
陳 禹行 Yuhang Chen

東京電機大学
理工学部
建築・都市環境学系
岩城和哉研究室

進路 ▶ 東京電機大学大学院

■ 高架×学び舎

川沿いにオフィスビルが建ち並び川への眺望は川に架かる橋からのみの日本橋川は街行く人々にとってただの通過点になってしまっている。

そんなこの場所に学校をつくることで子供から大人まで幅広い世代での交流が生まれ、高架と川の間の空間での子供たちの活気によりこの場所ならではの親水空間が生まれるだろう。そして、感受性豊かな子供たちが歴史的な構造物を近い距離で見て触れることで邪魔者とされてきた高架にこれから先新たな可能性を見出していくだろう。

■ 3層の場

高架上、高架下、水面と3つに分けた各フロアではそれぞれ違った活動が行われどこからみても児童生徒の姿がうかがえる。

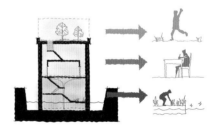

高架上
児童生徒たちの遊び場として活用する。

高架下
高架と川の間に教室を配置し学び場にする。

水面
浮島で植物を育て水質改善のプロセスを直に体験できる場所にする。

■ 設計プロセス

以下の手順で高架の形状を最大限活かした学校を計画する。

1. 高架の形状に合わせて廊下を配置
2. 廊下の間や外側に教室を配置
3. 階段を配置し高架上までのアプローチを配置

高架上を緑化させサイクリングロードや遊歩道といったパブリックスペースとし、部分的に児童生徒用の校庭として活用していく。
街並みや自動車の往来、川や学校の様子が垣間見える高架上は都心の新たなオアシスとなる。

歴史のある橋を歩行者専用にすることで、学生にとって安全な学校の入り口となる。また敷地周辺の喫煙所とされた公園を有効活用し高架上へのアクセスポイントとした。

水面は高架の影響で暗所化している。だが、むしろこの状況を利用し、教室の床で蓋を閉じ部分的に光を通すことで相対的な光の明暗により魅力的な空間を演出する。

廊下を軸に展開する学校空間は2層でつくり教室間にゆとりを持たせることで回遊性を確保する。教室上をパブリックスペースとすることで互いの存在を認識し、交流のきっかけとなる。

一般用散策路
■ 廊下

高架と川の間に学校を計画する。水面、教室上、高架上と多様なレベルに散策路を設け、段階的に人々を高架上へと誘う。また、GL+2000にメインフロアを持つ学校から水面、高架上へと連続的に繋げ各フロアで児童生徒の活動が行われる。
学校や高架上のパブリックスペースから降り注ぐ活気によりこの場所はもう一度表空間へと移り変わる。

■ 埼玉県住宅供給公社賞

みちが続く先に

Program 商店街の再生
Site 埼玉県越谷市蒲生

少子高齢化やコンパクトシティによる商店街の衰退。それでも商店街のまちの温かさやコミュニティを残していくためにはどうするべきか。コンパクトシティにより形成されていく均質的なまちでは生まれない、暖かなコミュニティは、職住近接で人との距離の近い商店街というまちで形成されていくのではないかという定義のもと考える。商店街らしさを建築に引き込み、これからの商店街における「商い」と「暮らし」のあり方の提案。今後、この商店街のまちの人の居場所となり、この商店街の使われていない部分は、まちの人によってうまく利用されていく。

野口 裕莉菜
Yurina Noguchi

日本大学
生産工学部
建築工学科
渡邊康研究室

進路▶横浜国立大学大学院

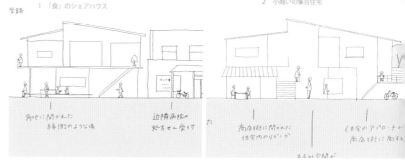

1 「食」のシェアハウス   2 小商いの集合住宅

みちが続く先に

商店街の改善点

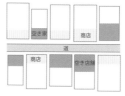

・商業空間は一方方向としかつながりがない
・商いと暮らしの関係性はほぼない
・少子高齢化により衰退

提案

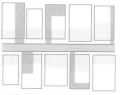

商店街のにぎわう道を建築に引き込むことで人を引き込む。
引き込まれた道は
住宅へのアプローチ、小学生の通学路、住宅内部の動線
などさまざまなみちにつながっていく。

5カ所の商いと暮らし

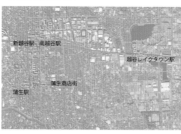

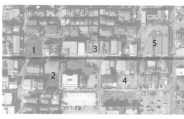

商いをする人が住むだけという関係性や、商いをする人と全く関係ない人が住む場所をつくるのではなく、人々の活動がシェアされるような建築を提案する。空き地空き家を中心に5カ所設計をする。

1 「食」のシェアハウス　　新築

ひとり暮らしをしている高齢者が集まって住む場所。共同で食堂を開く。

2 小商いの集合住宅　　新築

普段主婦をしている人や大学生などが小商いをする土間スペースをもつ。

3 拡張する暮らし　　改修

暮らしや商業は普段と変わらないが、となりの建物の余白をもらい食事スペースを開いてみたり、ショップを経営したり。

4 まちのひろば　　改修

近隣住民がこの場所にやってきて商いをする。1日単位の貸スペースで自由に利用できる。

5 まちの休憩所　　改修

1階は商業2階は住宅の関係性をゆるくする案。使われていない場所はまちの人のシェアスペースとなる。

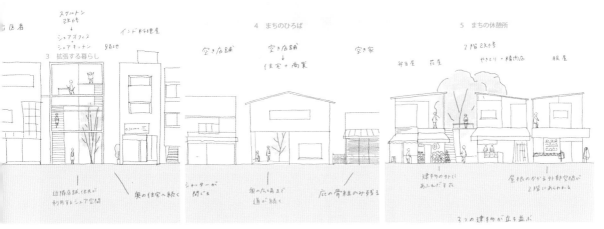

4 まちのひろば

5 まちの休憩所

3 拡張する暮らし

2　小商いの集合住宅

袋小路の土間

リビング

小商い

ベランダ

商い　　　　　　　　　暮らし

土間は住宅内部へと連続していき、
商いと暮らしの境界をゆるくつないでいく

商店街のみち

1階平面図（一部）　1/300

3　拡張する暮らし

縦につながる土間

住居の拡張土間

レストランの食事スペース

1階のオープンなスペースから、縦に引き込まれた路地は段々と
人の密度の少ない路地となる

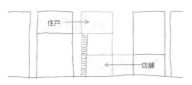

住戸

店舗

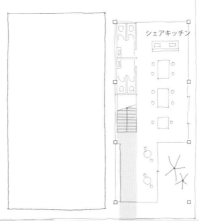

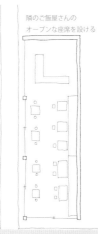

シェアキッチン

隣のご飯屋さんの
オープンな座席を設ける

商店街のみち

1階平面図　1/300

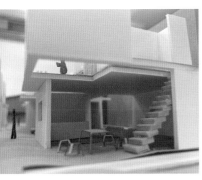

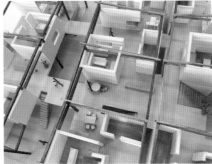

自然回帰

土に還る納骨堂と
朝鮮半島の歴史の継承

Program 新しい墓地空間の提案
Site 埼玉県日高市

私たち人は自然界の一部として生かされている存在である。現在、人は自然隔離の動きが大きくなっているが、私たち人間も自然の一部である。自然から切り離されて生きようとしている現在の私たち人間は自己存在を消滅へと向かわせようとしている。

人は畑から採ってきたものを食べているため、人は土から生まれているといえる。地球の生態系や環境の回復という視点で循環型社会を考えた時に最終的に行き着くのは、「土に還るかどうか」ではないか。本来の自然と人間の関係を見直し、この市で生まれ育った故人を思い出のあるこの地の土に還す。そのような自然と共存する新しい墓地空間として計画する。

向田 大亮
Daisuke Mukaida

東洋大学
ライフデザイン学部
人間環境デザイン学科
櫻井義夫研究室

進路 ▶ ―

敷地

敷地は、私の地元である巾着田という地である。上空から見たときに高麗川が蛇行した形が「きんちゃく」の形に似ていることから巾着田と呼ばれるようになった。

この地はダム建設計画のために用地買収が進み、計画が頓挫した経緯からとても広い平地であり全国的にも最大級の彼岸花の群生地であり、日高市の観光地の一つである。

日高市と朝鮮半島の関わり

716年、現在の日高市を中心に朝鮮半島に位置する「高句麗」から日本に逃亡してきた渡来人によって「高麗郡」が置かれ、高麗人たちが移住していた。巾着田周辺は、渡来人が移住した中心地という歴史的にも重要な場所なのだが、巾着田を訪れてもそういった歴史を感じることができないというのも課題である。

納骨堂 × 樹木葬

	納骨堂	樹木葬
メリット	管理が不要	管理が不要　費用を節約出来る
デメリット	お墓参りを実感しにくい	返骨出来ない

機能は納骨堂として骨を管理しながら木葬のようなお墓参りを実感出来る、自然豊かな土地を活かしてお参りできる墓地空間を計画する。

ダイアグラム

渡来人がいた飛鳥時代を追体験させるような、古墳の中に入り故人に会いに行くという追体験をさせる。中でも高句麗の当時の古墳の種類として石を積み上げた積石塚古墳が主流であり、その形状から連想して考える。

配置・動線

配置

　巾着田は高麗川が上流から種を運び彼岸花の群生地を作り出し、自然堤防も高麗川が作り出したものである。そのため平地を取り囲むように自然堤防、彼岸花は高麗川の流れに沿って空間が形成されている。建築も自然に空間に溶け込むよう、彼岸花、自然堤防の方向性に沿って建築を配置する。

動線

　仏教において極楽浄土があるのは西の彼方であるため、納骨堂への動線は此岸の東から西に向かって故人のいる彼岸空間に会いに行く動線とする。
また、その後花に生まれ変わった故人と再会する動線は彼岸花の種をこの地に落としていった高麗川の流れを追体験し彼岸から此岸へ送り出す動線として計画。

彼岸花

葉は花を思い、花は葉を思う

花が咲くときには葉が出ておらず、葉が出る頃には花が散ってしまう珍しい植物。普通の植物ではあたりまえの花と葉だが、彼岸花は花と葉はすれ違い、同じ根から発しているにもかかわらず花と葉はお互いを見ることが出来ない。

大柱の構造

彼岸花の花と葉は出会うことがない

この空間は故人と遺族が再会する場であるため、花と葉を融合させた構造

アイソメ図

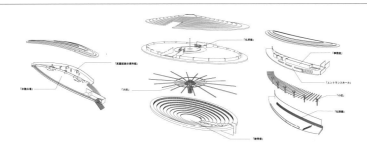

■ さいたま住宅検査センター賞

痕跡への応答

―釜石鉱山跡地における
　資料館の提案―

Program 資料館
Site 岩手県釜石市

今までの風景をつくっていた建築が
なくなった時、そこには何が残るだ
ろうか。今回の提案では擁壁の配
置、模様をヒントに建築をつくり、
これまでの建築の系譜を引き継ぎ
ながらも新たな建築的特徴が出て
くると仮定した。「痕跡をヒントとし
ながら今の環境に対して他律的な
建築」をテーマに鉱山の歴史を伝え
る資料館を提案する。

阿部 泰征
Taisei Abe

工学院大学
建築学部
建築デザイン学科
西森陸雄研究室

進路▶工学院大学大学院

―擁壁と建築の関係性―

擁壁：崖や建物などが崩壊しないために造られる壁。

斜面に工場を建設する場合斜面を削り擁壁を設ける。擁壁は地形を変え、自然に対して暴力的な操作
だと考える。しかし今の風景のアイデンティティを形成しているのは残された擁壁である。また擁壁
の上には土が堆積し植物が生え自然が浸食をし始めている。この擁壁は必要不可欠となってしまった。
今回この擁壁に対して建築を新たに重ね今の擁壁の生態系を崩さずにこれからの風景を育てていくこ
とが必要となる。

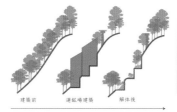

建築前　　選鉱場建築　　解体後

解体後の擁壁のみ残った風景

―敷地―

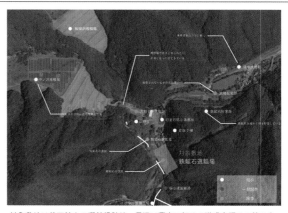

対象敷地は釜石鉱山の選鉱場跡地。周辺は幕末に初めて洋式高炉での鉄の生
成に成功した歴史的に重要な場所である。

―提案―

かつて釜石鉱山では鉱山の発展とともにすぐ近く
に１つの町が形成された。工場やトロッコの音の
ほかにこの場所では人々の生活の声が混ざってい
た。この釜石のモノづくりの原点ともいえるこの
場所をレコードするため、選鉱場の跡地という当
時のアイデンティティだった場所に遺構のような
擁壁の形態をヒントに資料館を提案する。

－設計手法－

擁壁に対しての操作を8個に分類化した。機械、土木スケールの擁壁に新しく建築操作を加えることで新たに人間スケールの空間が生まれる。

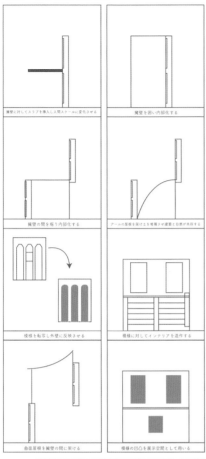

擁壁に対してスラブを挿入し人間スケールに変化させる

擁壁を囲い内部化する

擁壁の間を掘り内部化する

アールの屋根を架け土を喚種スギ建築と自然が共存する

模様を転写し外壁に反映させる

模様に対してインテリアを造作する

曲面屋根を擁壁の間に架ける

模様の凹凸を展示空間として用いる

－建築計画－

擁壁に対しての建築の解き方は屋根を架け建築の構成要素としての一面、内部化しインテリア化をするこの2つの意味を持たせる。

最盛期の選鉱場の形態をモチーフとしながら屋根の傾き、素材で変化させている。またこの屋根が重なりあいながら集合している状態は「洋式高炉」を取り巻く覆屋、たたら高炉の高殿の形態の空間の作り方の系譜を引き継いでいる。最盛期には建物で隠されていた擁壁は解体と同時にこの場所の風景のアイデンティティとなり時代とともにこの場所の印象は変化していく。

－擁壁と建築 diagram －

現在の擁壁の姿　　　　　　　　　　資料館と擁壁の姿

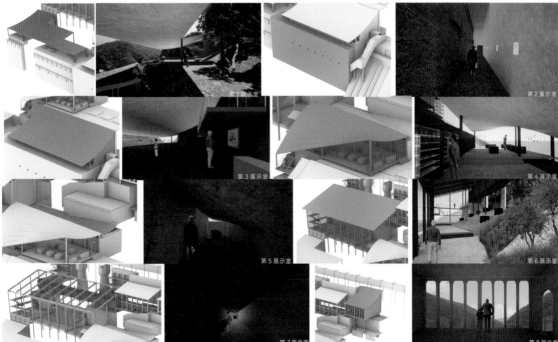

第2展示室

第3展示室

第4展示室

第5展示室

第6展示室

第7展示室

第8展示室

■ 総合資格学院賞

農と食の
ふれあいファーム

菖蒲町における
自然と共存する交流拠点

―――――

Program 農業体験施設・住居・ゲスト
ハウス
Site 埼玉県久喜市菖蒲町

日本では年々、農業従事者が減少しつつある。気軽に農業に触れられる機会を、日常生活の中に増やすことが求められていると思われる。そこで本計画では、農を取り入れた生活を通じて、地域に根付いた暮らしを提案する。敷地には4棟からなる建築と田畑、ビオトープが点在し、農業のために水路を引き込んでいる。細長い建築ボリュームに対して半屋外や温室が間に設けられており、農村の穏やかな景観に馴染む。住居とゲストハウスで暮らす人同士で一緒に農作物を育てる。直売所やマルシェを通じて地域住民に提供することで、まちの人との新たな交流を生む。地域の人々はまちに開かれた空間へ気軽に訪れ、食を通じて農に触れ、関心を持ってもらう場となる。

齋木 陸斗
Rikuto Saiki

日本工業大学
建築学部
建築学科
小川次郎研究室

進路 ▶ 就職

敷地周辺図

さいたま菖蒲線
野通川
計画地
稲穂通り
田園地帯
県道12号

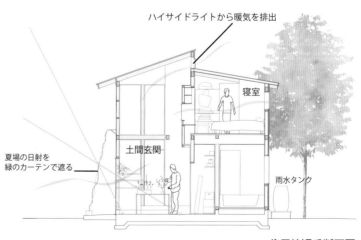

ハイサイドライトから暖気を排出

寝室

土間玄関

夏場の日射を
緑のカーテンで遮る

雨水タンク

住居棟短手断面図

広場でのファーマーズマーケットの様子。

土間玄関の壁はポリカーボネートを使う。

貸農園で地域の人が気軽に農を体験する。

様々な生き物の生息場所としてビオトープを敷地内に点在させている。水草や良質な底土には水を綺麗にする効果があり、作物の害虫を食べてくれる益虫が住み着く場所になる。

水は水田や用水路を通り、ろ過されて酸素を取り込むことで水質が浄化される。その水で作物をつくることで野菜の品質向上に繋がる。水が張られる水田や水路には多くの生きものが集まる場となる。

配置兼1階平面図（休憩棟・販売棟）

012

ヤネが織りなす
意識の拡張

—草加の核となる
生活ケア拠点—

Program 生活ケア拠点
Site 埼玉県草加市

超高齢社会においては、多死への精神的対応が不可避である。私自身も例外ではなく、祖父母の死を経験した。今日、高齢者福祉施設等の介護の場は、高齢者の活動が施設内で完結し、外部との関係性に乏しい閉じた場である。高齢者自身や介護士、さらには地域に対して新しい介護の在り方が求められる。そこで、屋根を新しく「ヤネ」として定義し、高齢者と地域住民とが互いの活動を意識し合う環境をつくり出した。さらに、生活活動によって複数の場を設けることで、高齢者と地域住民は、各々の目的のために場を利用しながらも、互いに共通の場を通してさまざまな活動を行う。つまり、高齢者と地域住民が互いに場を共有し、見守り合う生活ケア拠点こそが新しい介護の在り方だと考えた。

今泉 友希
Yuki Imaizumi

芝浦工業大学
システム理工学部
環境システム学科
澤田英行研究室

進路 ▶ 芝浦工業大学大学院

—敷地概要—
草加市は、東京のベッドタウンとして発達してきた一方、今後は急速な高齢化が予想され、高齢者の居場所が減少していく恐れがある。対象地に隣接する綾瀬川沿いの旧日光街道は、地域住民の想いの場となっているが、対象地西側の高架により高齢者にとって、対象地にアクセスしにくい場でもある。

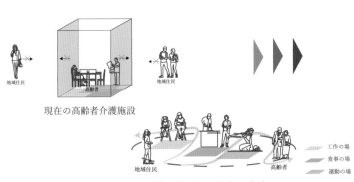

現在の高齢者介護施設

工作の場
食事の場
運動の場

草加の核となる生活ケア拠点

—提案—
現在の高齢者介護施設は、食事や運動などの複数の生活活動が一つの空間に詰め込まれている。「草加の核となる生活ケア拠点」では、「食事の場」、「運動の場」など、生活活動によって複数の場を選択できるように設けた。

様々な種類の ヤネ

ヤネ材　　　　　ガラス　　　　　垂木

—敷地特性とヤネ—
旧日光街道沿いは、昔は、宿場町として多くの建物が並び屋根が連なり合っていた。場を形成している"屋根"を、生活ケア拠点としてまちに溶け込むように様々な種類の"ヤネ"として定義し、デザインアプローチを行った。

各々の場への誘い	建築の一体化	環境に応じた場の形成

ヤネにより生み出された庭により、内部空間と外部空間が曖昧につながる。建築内部の場に目的がない利用者を誘うことで、偶発的な交流の創出を可能にする。	ヤネにより生み出された各々の庭が連鎖することにより、内部空間の孤立化を防ぐ。建築の一体化を図ることで、利用者同士につながりを生む。	ヤネが流れる方向や高さにより、光や風を各々の空間に取り込む。内部空間、外部空間それぞれが環境に応じて場を形成することで、利用者が意図せず交わる。

—ヤネによる意識の拡張—

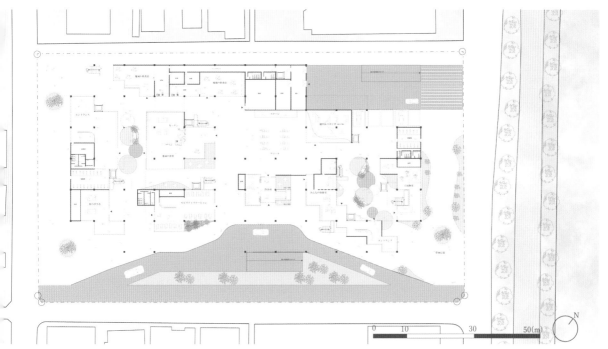

—平面計画〈1階平面図〉—

旧甲光街道から訪れる。ヤネ下空間の半屋外が垣間見えることで、往き交う人々を誘う。

待合室前でバスを待つ。コミュニティバスで生活ケア拠点を訪れる。ヤネの間から差し込む光が出迎える。

賑やかなスタジオを訪れる。高齢者など地域住民が上映になっているスタジオでは、踊りや軽体操ができる。

アリーナを見る。お祭りなどのイベント時に上階から鑑賞できる。内部から外へ交流が派生する。

モビリティステーションで乗り換えてまちにでる。様々な人の出会いの場所となる。

地域の農園を訪れる。高齢者と地域住民が野菜をいっしょになって育てる。

地域の食堂を訪れる。高齢者が地域住民に料理を教え、出来上がった料理を一緒に食べることで、つながりをつくる。

ワークスペースを訪れる。高齢者の家族や子供のいる親が働き活動している様子を感じながら仕事ができる。

工房を訪れる。地域住民と高齢者は互いに教え合いながら、活動する。

—パース—

037

■ 日建学院賞

IORI —庵—

グリーンロードから始まる地域の一期一会

Program 複合交流施設
Site 東京都小平市花小金井

現在、一人暮らしの人だけでなく、誰かと共に暮らしている人でも約40%の人が孤独を感じている。彼らが感じている孤独の多くは、身近な地域コミュニティで家庭内での悩みを打ち明けられる場がないことが原因と考える。そのような悩みを抱える人たちに気軽に悩みを共有できる場所を身近な地域でつくることを目指す。

日本人に文化的にしみ込んでいる茶室と禅の精神を用いることで、日本人が苦手とするオープンな空間においても、居心地の良さを感じることができる空間を提案する。また、相手を思いやる心を自然と身に着けることができ、地域住民にとってよりどころとなる。地域の新しいサードプレイスとなることで、まちに賑わいが生まれる。

冨永 典子
Noriko Tominaga

芝浦工業大学
システム理工学部
環境システム学科
澤田英行研究室

進路 ▶ 芝浦工業大学大学院

CONCEPT

茶道の哲学とふるまいを用いて、自分に合った人とのつながり方を見つける

この提案は日本の伝統的な茶室と禅の考えを活用し、偶発的に人々との関係性をつくり出す。茶室は段階を踏むことで自然と心の準備ができるようになっている。この段階を行為として抽出し、フェーズにわけて配置した。日本人に文化的にしみ込んでいる精神を用いることで、日本人が苦手とするオープンな空間においても、居心地の良さを感じることができる。さらに、相手を思いやる心を自然と身に着けることができ、地域住民にとってコミュニティ形成の手助けとなる。

01　且座喫茶　syazakissa
たった一椀の茶にも自然の恵み、人の恵み、あらゆるご縁が詰まっている。そのご縁に感謝すること
ちょっと寄っていきませんか？

ふるまい-01
立ち寄る
いつもは通り過ぎてしまうグリーンロードを人々が立ち寄り集う空間に

02　四海皆茶人　shikaiminatyajinn
みんなが同じ場所に集まり、心を通わせれば、みんな仲間であること
つながりましょう

ふるまい-02
留まる
腰掛待合で身も心も準備するように、ほっと一息ついて自分と向き合い心を整える

ふるまい-03
もてなす
主客一体となり、もてなしもてなされる関係を体験し人とのつながりを感じる

03　帰家穏座　kigeonnza
肩肘張りも辛気もしない本来の自分でいること
ありのままの自分に戻りましょう

ふるまい-04
みる
茶会で美術品を見て亭主のおもいをくみ取るように、この街でつくられたものや人々の活動をみて、人とのつながりを感じる

ふるまい-05
つくる
もてなすためのものをつくる楽しさを感じる

04　和敬清寂　wakeiseijaku
考えが違う人々と一緒に生きるために、お互いに尊敬し合うこと
みんなと調和しましょう

ふるまい-06
共有する
茶会で同じお茶を飲むように、ここで出会った人たちとモノ・コトを共有し合い支え合う

FOOD ZONE

IORI 庵

―グリーンロードから始まる地域の一期一会―

ふるまいと空間機能

グリーンロードから茶室の体験が徐々にちりばめられ、パブリックなものからプライベートなものへと移り変わっていく。

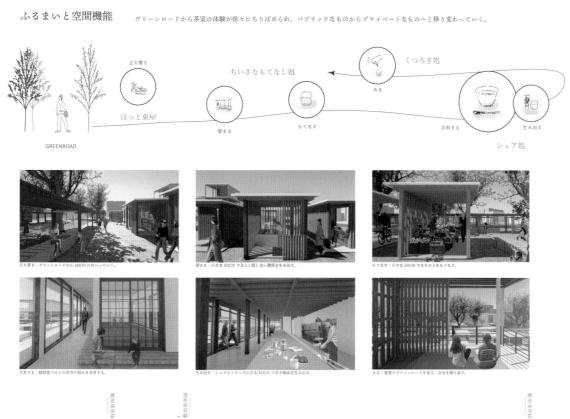

立ち寄る

ほっと東屋

GREENROAD

ちいさなもてなし処

留まる

もてなす

くつろぎ処

みる

共有する

生み出す

シェア処

立ち寄る：グリーンロードからSHOPにはいっていく。

留まる：小さなSHOPで主人と話し合い関係を生み出す。

もてなす：小さなSHOPでまちの人をもてなす。

共有する：談話室で日々の苦労や悩みを共有する。

生み出す：シェアキッチンで小さなSHOPでだす商品を生み出す。

みる：茶室でグリーンロードを見る。自分を振り返る。

GREENROAD

CRAFT ZONE

GRADUATION DESIGN CONTEST 2023

Chapter 3

作品紹介

002

シェアする
新しい生活のカタチ

| Program | シェアプレイス |
| Site | 埼玉県所沢市 |

私は都市生活者であるという自覚
がある。働くため・学ぶために都心
部へと通い、郊外へと帰宅する。そ
のような日常はルーティーン化し、
生活は無機質なものになっている
のではないか。同じような毎日を過
ごす人々に対し、日常の中で新た
な行為が生まれるきっかけの場が
必要であると考えた。日常の移動
手段となっている電車は、人々の
生活基盤であり、乗り換えをする
人々が主体的行為が生まれる場の
必要性がある。乗り換える人・秋
津町の住民・商店街で働く人が、
互いに生活の一部を場として共有
することで、間接的につながり、偶
発的出会いを生み出すシェアプレ
イスとした。乗り換える人々が地域
に留保し、他者の生活・活動に触
れることで日常に気づきを与えるこ
とができる。

清水 翔斗
Shoto Shimizu

芝浦工業大学
システム理工学部
環境システム学科
澤田英行研究室

進路 ▶ 芝浦工業大学大学院

Proposal

弱いコミュニティを形成することができるシェアプレイスの必要性がある。お互いに生活の一部を場として共有すること
で、間接的につながり、偶発的出会いを生み出すシェアプレイス。乗り換える人々が地域に留保し、他者の生活・活動に
触れることで日常に気づきを与える場を提案する。

Site

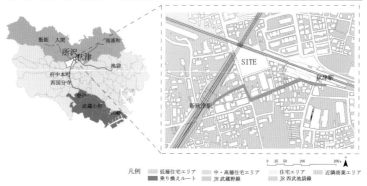

| 凡例 | 低層住宅エリア | 中・高層住宅エリア | 住宅エリア | 近隣商業エリア |
| | 乗り換えルート | JR武蔵野線 | JR西武池袋線 |

電車での移動によって助長された日常のルーティーン化を、秋津での乗り換えという点に着目し新たな生活・活動の
解決できる可能性を見出した。西武池袋線・JR武蔵野線の結節点である両駅間の乗り換えをする人は駅内で完結する
乗り換えとは異なり、一度街へと繰り出した後、乗り継ぐ。乗り換え時に通る商店街は一日を通して多世代の人々が行き
交い、時間によって音や匂いが変化している。

Perspective

動画 QR→

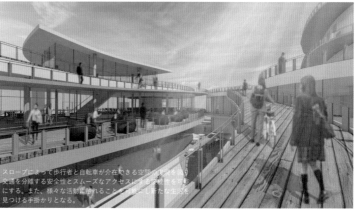

スロープによって歩行者と自転車が介在できる空間の境界を設り
交通を分離する安全性とスムーズなアクセスによる機能性を可能
にする。また、様々な活動に触れることで刺激し新たな生活を
見つける手掛かりとなる。

Plan

Plan GL＋2000

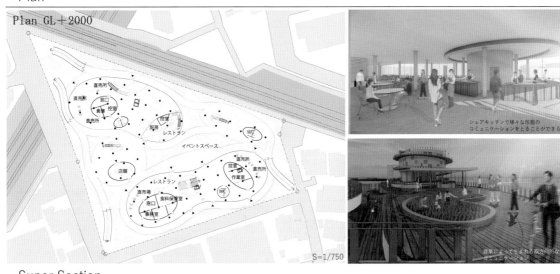

S=1/750

シェアキッチンで様々な形態の
コミュニケーションをとることができる

農業によって生まれる双方向的な
コミュニケーション

Super Section

0　5　10　20　30　60m　S=1/1000

Entice wall archit

魅力的な繁華街を
生活空間に誘う手法

Program 複合建築
Site 埼玉県さいたま市

街の建築物の機能は用途地域ごと
に明確に制限されているが、各々
の地域内で面白さがある。用途地
域の特徴を生かしながら空間を融
合させることで新しい生活様式が
生まれるのではないかと考える。
例えば大宮南銀座のようにゲーム
センター、カラオケ、居酒屋といっ
た夜の街を象徴する繁華街に脚を
踏み入れたとき楽しさや怪しさを感
じ、奥へ奥へと誘われるような感
覚を催す。しかし、このような賑や
かな場所に他用途の豊かな生活空
間を想像することは難しい。
そこで大宮南銀座繁華街の一部を
摘出し、その空間と生活空間を象
徴する大学とサービス付き高齢者
向け住宅を融合させた、新しい複
合建築の設計手法を提案すること
を本研究の目的とする。

箕輪 彩花
Ayaka Minowa

実践女子大学
生活科学部
生活環境学科
内藤将俊研究室

進路 ▶ 就職

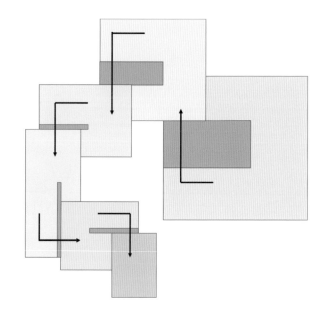

融合する設計手法
Entice wall について

空間の性質の違いに比例して 1500mm,750mm,100mm,50mm と壁厚が 異なる
「Entice wall」を挿入する。挿入された空間は凸型に変形し、繋がる空間は直交方向
に空間が展開する。繁華街から静寂な寝室や庭 , 自習室等へと空間を誘う。
Entice wall に直角に接する壁は曇りガラス や透明ガラスを設けており、視線が交わら
ないように設置。透明ガラスの部分は内側にカーテンを設置しているため、
状況によって 開閉することが可能。

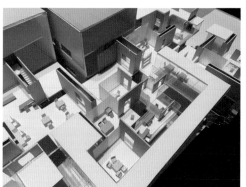

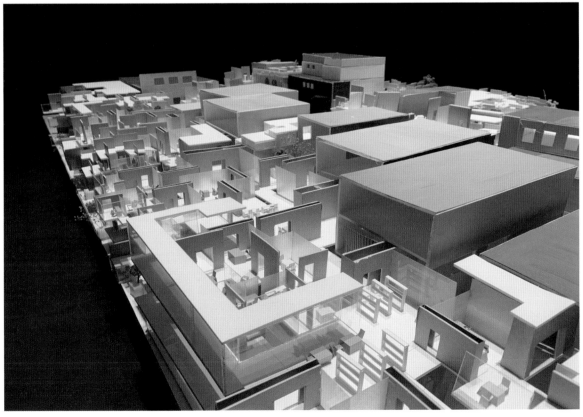

日常の中の結

Program 結婚式場
Site 埼玉県川越市

結婚式とは非日常だ。一生に一度のため不思議ではないが、非日常が故に思い出の地である結婚式場にも気軽に訪れることができないのではと感じた。そこで埼玉県川越市の弁天横丁に人が集うための場所として、平日と土日祝で用途が変わる結婚式場を計画する。計画の内容として、ポケットパークとしての「憩の場」、受付やクロークがある「導の場」、待合室となる「留の場」、挙式会場となる「誓の場」、披露宴会場となる「集の場」の大きく五つに分ける。平日は観光客や学校が多い川越の特徴を踏まえ、導の場を荷物置き、留の場を屋内休憩所や宿泊施設、集の場をコミュニティ施設として開放する。誓の場は、神聖さを保つため一般への開放でなく会場で式を挙げた人へのみ開放する。

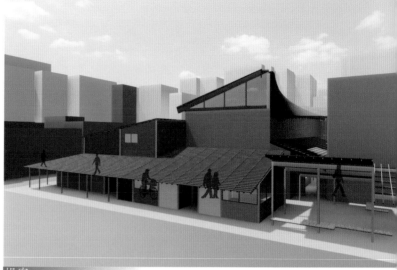

提案

ハレの日を一日だけの思い出、空間にしないための結婚式場を提案
かつては六曜を気にして日付を決め、式を挙げていた人たちも多かったが、最近の結婚式は基本土日祝日に執り行われることが多く、平日は会場に空きがある。実際、2021年の挙式の実施曜日の調査によると土日祝日が89.2%と約9割を占める。会場の見学や打ち合わせなどの商業的機能を土日にまとめることで、平日は地域に開いた形の式場とする。
川越は埼玉県の中でも高校の数が多い。一位のさいたま市の21という数に次いで二位の16という高校の数である。また東上線、埼京線と西武新宿線を乗り換えて通学している学生も多く見られる。そのため、平日は自由に出入りできるように開放し、地元の人や学生が気軽に立ち寄ることができるようなコミュニティセンターのような一面を持った空間とする。土日祝日は結婚式場としての機能を持った空間を提案する。
また、川越は都心からすぐ行ける観光地としても有名である一方、大半の観光客が日帰りで楽しんでいくことも問題視されている。
そこで式に参列した人たちはもちろん観光客が泊り、川越を観光する起点となるよう宿泊施設も併設した結婚式場を提案する。
また、開放した形の結婚式場にすることで、様々な記念日などに訪れることもできるようになる。

敷地　川越　−弁天横丁−

交通の利便性を生かした流通業、豊かな歴史と文化を資源とする観光など、充実した都市機能を有している川越に計画する。人でにぎわう観光スポットでもあり、今でも姿を残す江戸時代の風景「蔵造りの街並み」は火事が多かった川越で類焼を防ぐための耐火建築として発展した。その蔵造りの街並みを抜けると、かつては花街として栄えていた弁天横丁という通りがある。
弁天横丁は車では入っていけないほど狭いゲートが入口となっている。ゲートには当時のお店の名前が書かれている。ゲートをくぐると、かつての雰囲気を感じる連続長屋が二軒ほど残っている。この二軒もリノベーションされて使用されている。しかし、ゲートをくぐってすぐ右にある元町弁天長屋は荒廃している。長屋はもちろん、裏側の敷地の部分までもが荒廃しており、ふたつの長屋と比べても不気味な雰囲気があり、通学路としても使用されているこの道は、幼い子供たちは怖がっているという話も聞く。ゲートという人を迎え入れるもののすぐそばに荒廃している建物ではなく、かつての賑わいをもたらすような人が集う場所を計画したいとこの通りを歩いて感じた。
また、宿泊客の利便性も考慮し、観光の起点になる札の辻の交差点もすぐの位置にした。蔵造の街並みを抜けた人の流れを受け止めるような計画にした。

ゲートをくぐったところから見た図

元町弁天長屋の裏から見た図

ゲートをくぐって少し歩いた場所から見た図

秋山 悠里
Yuri Akiyama

東洋大学
ライフデザイン学部
人間環境デザイン学科
櫻井義夫研究室

進路 ▶ 設計事務所

憩の場

片流れ屋根が札の辻の交差点から互い違いに降りてきて、エントランスへと自然に誘導する
周辺の建物との関係性も踏まえ、一番低いものは交差点側から下すよう計画した

導の場

エントランスには受付とクロークカウンターがある
ここで受付を済ませたゲストはそれぞれの待合室へと案内される

札の辻からの人の流れを
受け止める

受け止めた人の流れを
さらに奥へ誘導する

唯一屋根がかかっている
つくられた人の流れの最終地点

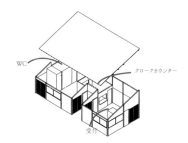

WC

クロークカウンター

受付

留の場

待合室を二つに区切ったものを3つ並べ、弁天横丁のような長屋のファサードを目指した

長めの軒下空間では、弁天横丁を歩く人に垂木のリズム感や内部、外部空間の動きから弁天横丁を明るくにぎやかなものに感じさせる

最大で六つの部屋となる待合空間は、仕切り次第では広い空間として使用することもできる

二階は宿泊者の空間になっており、二階のFLから1000上がったところにある障子窓を開けるとホールを見下ろすことができる

誓の場

両サイドの階段から新郎新婦がのぼり、人々の前で誓いをたてる神聖な場である誓の場の下は、新郎新婦が準備をするための部屋となっており、木の温かみや両サイドの曇りガラスからの柔らかな光を感じながら誓いの時を待つことができる

目の前の三角のガラス窓からは、川越のシンボルである時の鐘が見えるように軸を決めた前の通りからも見える特徴的なこの空間は、ここで式を挙げた二人が川越に訪れた際にも気軽に様子を見に行くことができ、いつでもその時の気持ちに戻れるよう前面道路から良く見える位置に計画した

二つの人生がこれから同じ道を歩いていくということを、両側の柱が一つになり支えあう形にすることで空間として表現した

最大で6000超の天井の梁は、ある柱を堺に徐々に梁間が狭まる

ある柱とは、今日の二人をつないでくれたきっかけをイメージしている

今日という日を迎える二人が、出会った日－柱－を堺に徐々に梁間－距離－が縮まる様もまた同時に空間として表現している

三角のガラスの前に立った二人がゲストの方を見ると、柱や梁が徐々に広がり、階段が続く景色を見ることになる

ゲストの前で誓い、暖かく祝福され受け入れられているような気持ちになるよう計画した

集の場

誓いをたてたふたりはこれから一つの家庭を支えていくということを、対角線上にある周囲より太い二本の柱が湾曲しているシェル構造の屋根を支えていることで空間として表現した

両サイドには下屋のような空間があり、構造としてフレームをつくるとともに内と外の賑わいがお互いに感じられるような空間となっている

大屋根の梁は、梁せいの大きい垂木でシェル構造の屋根を支えていることで、外から見た時の形の滑らかさや軽やかさと中から見た時の迫力の違いを感じられる前の誓の場とはまた違う象徴性を持った空間になっており、ゲストが最後に通る空間となっている

一階平面図

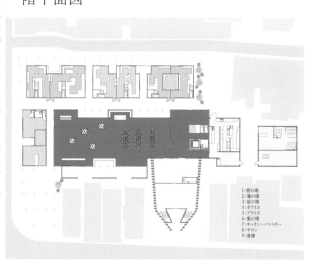

1:憩の場
2:導の場
3:留の場
4:ホワイエ
5:ブライズ
6:誓の場
7:キッチン・パントリー
8:サロン
9:倉庫

010

Villa Hygge

Program サウナ施設複合型ホテル
Site 埼玉県飯能市

私たちは、人や空間、時間に縛られ、どこか落ち着かない気持ちになっていないだろうか。私はフィンランドを訪れる度、都会にはない自然風景やゆっくりとした時間軸の中、自然に囲まれ、気持ちが落ち着くhyggeを感じ、穏やかな気持ちになれるのだ。フィンランドで感じた経験から、北欧のhyggeを日本に取り入れ、日常の中に非日常が入り込み、心身共に癒すホテルを計画する。

敷地は埼玉県飯能市宮沢湖。飯能市は北欧的風景を想起させる場所故に、ムーミンの作者トーベヤンソンが関わったあけぼの公園やムーミンバレーパークなどが誘致されており、北欧発の文化に彩られた風景が広がっている。

詠 里乃
Rino Nagame

日本大学
生産工学部
建築工学科
渡邉康研究室

進路 ▶ ハウスメーカー

01.フィンランドで感じた経験から /Background

私たちは、人や空間、時間に縛られ、どこか落ち着かない気持ちになっていないだろうか。私はフィンランドに心惹かれる。フィンランドを訪れる度、都会にはない自然風景やゆっくりとした時間に癒され、穏やかな気持ちになれる。フィンランドで感じた経験から、hyggeを取り入れた生活を提案する。

02.Hyggeを取り入れた生活 /Concept

Hyggeとは

北欧のデンマーク語で「のんびりとした雰囲気」、「居心地のいい時間」を意味する。また、自然の要素が詰まった気持ちで、誰もが受け入れてもらえる温かい空間を表し、北欧の人の時間の過ごし方や心の持ち方に関係した言葉でもある。

フィンランドにおける6日間のhyggeな実体験

Day_1
大きな湖畔と湖面に映る木々を見て気持ちが安らぐ。

Day_2
オーロラや満天の星空を見て感動する。

Day_3
散歩による森林浴をし、のんびりする。

Day_4
サウナ後、湖に入水し全身が整う。

Day_5
サウナ後に暖炉の炎の揺らぎを見つめて落ち着く。

Day_6
自然と共存している建築を見る。

↓
フィンランドに行く度、自然が沢山詰まった居心地のいいhyggeな時間を過ごし、気持ちが穏やかになって日本に帰ってこれるのだ。そのような体験ができる空間を日本に創りたい。

03.hyggeとは程遠い空間 /Current situation

都心の現状

都心には自然と隣り合わせの空間、加えて自然体験ができるhyggeな場所が少ない。

飯能市の現状

飯能市では西川材という木材を生産している。しかし木材の輸入由化により、林業が衰退している為、森林放置が環境問題にもなっている。

そこで都心から近くの飯能市にhyggeを体感できる空間をつくる。

04.Hyggeを生む改善策 /passing

使われていない西川材を生かす

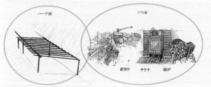

ハード面では建物を建てる時の建材として使用し、ソフト面ではサウナと暖炉の薪として使用する。それと共に自らサウナや暖炉の新を割る森林体験や環境教育の場としても機能させていく。

サウナは自然の中で過ごす外気浴の素晴らしさを感じ、暖炉では揺れ動く炎から安らぎを感じる。宮沢湖一体の豊かな自然を全身に感じられるヒュッゲな空間を生みだす。

0.Hyggeをより魅力的に魅せる建築計画 /Plan

アルヴァ・アアルトの設計手法より

人間の行動や視線を考慮し、敷地と建物内の場と場を関連付けた空間の造り方

自然と人間を等価に置く空間

アアルトの設計手法を基に自然と共存し、Hyggeをより魅力的に魅せる建築計画をする。

Villa Hygge

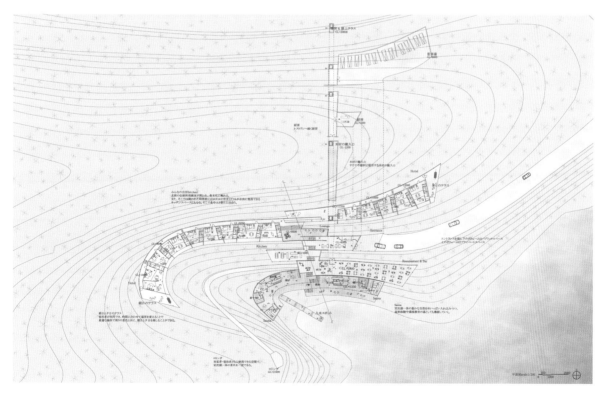

013

視覚を扱わなくても
廻れる建築空間

Program 複合交流施設
Site 埼玉県熊谷市

人は建築の空間認知を主に視覚情報によって認識するが、視覚障害者は聴覚、嗅覚、触覚を一般人より一層駆使して空間認知をする。認知を建築設計に活用することで空間の多様性を創り出すことができると考え、その結果、視覚障害者にとっては認知しやすくて、一般人にとっては従来にはない豊かな空間を体験できる共存空間を目指す。本計画は商業・交流空間と住居空間により構成する。中庭を囲むようにカフェ、読書・聴書室、自由空間、ミニ映画館、住居空間を配置する。このシンプルな構成によって、視覚障害者は頭の中でマップをつくることができる。天井の凹凸が視覚障害者にとって空間を認識しやすくなり、建築の断面にも豊かな変化として現れ、エコーロケーションの訓練ができる施設となる。

郭 雨晨
Yuchen Guo

ものつくり大学
技能工芸学部
建設学科
岡田公彦研究室

進路 ▶ ものつくり大学大学院

■敷地

埼玉　熊谷

◆敷地概要

敷地面積：1,867 ㎡
第一種住居地域
建蔽率　：60%

計画地は埼玉県熊谷市中西 1 丁目に位置し、埼玉県視力障害者福祉協会より徒歩 5 分、敷地の形がおおよそ三角形である。東側が市道 135 号、北側が車道、西側が公共駐車場である。最寄駅は JR 熊谷駅より 1.2 kmでの住居地域にあり、敷地前にバス停があって、公共交通と自動車でのアクセスが可能である。

■調査

はじめて入った室内で天井の高さや部屋の大きさというのが分かりますか

屋内歩行時に自分の足音手掛かりに方向や物体の存在を判断することがありますか

■全館（17人）　■全盲以外（13人）

■全盲（17人）　■全盲以外（13人）

聴覚認知調査：視力をほとんど活用できない人の場合は聴覚、触覚、嗅覚など、視覚以外の情報を手がかりに周囲の状況を把握している。視覚障がい者による空間環境の認知において、反射音利用という条件を考えれば無響空間に近い状態は好ましくはないと考えられる。空間形状や大きさの違い、天井の高さ、建材の吸音率の違いなどによる立体的な音の響き（ひびき）の変化で、空間を認識させることができる。

■エコーロケーション

反響定位（エコーロケーション）とは、発した音や超音波の反響で物体の距離や方向、大きさなどを知る方法であり、コウモリやイルカなどが行っていることが知られる。新たな研究により、人間はわずか 10 週間のトレーニングでエコーロケーション能力を習得できることがわかった。

■建築構成

この建築の平面外形は敷地の形状から、三角形にデザインされる。中庭を囲むように4種類の空間を配置している。このシンプルな構成によって、視覚障がい者は頭の中で空間のメンタルマップを作ることができる。廊下の壁はベジェ曲線を用いて、壁を触りながら歩き、壁の変化にしたがって視覚障害者は様々な空間に誘導される。

■空間構成手法

	天井	壁	床	室外空間	その他
聴覚	天井高の変化、天井形の変化によって、足音と声の反響も変化して、位置を確認できる	曲面壁に反響が変化する 仕上げ材による反響、吸音	足音の変化	葉の揺れ音 流水	―
触覚	―	小さな凹凸を仕上げる 曲面壁で歩行を補助する	床材の硬さを足裏の感覚、段差、スロープ	芝生、煉瓦、コンクリート、土の足裏の感覚	平衡感覚
視覚	開口部の有無	―	―	自然光、緑と水面の反射	照明
嗅覚	―	―	木材の香りがする	芳香植物	―
味覚	―	―	―	―	カフェ

■図面

配置図兼平面図

2階平面図

B1F 平面図

屋根伏図

東立面図

西立面図

北立面図

X-X断面図　　Y-Y断面図　　Z-Z断面図

本計画は商業・交流空間と住居空間により構成する。1階には商業空間のカフェ、読書・聴書室、自由空間、住居空間の個室4戸がある。ミニ映画館は地下に配置される。2階は個室6戸と屋上広場が配置される。屋根も屋上広場として利用できる。

■パース

Roof floor　屋上広場
Second floor　住居空間
自由空間
外庭
First floor　カフェ
読書・聴書室
Basement　ミニ映画館

部屋の角は曲線が多くて、壁が少し厚くなっている。ユニバーサルデザインの空間を目指すため、両側の窓にソファーとテーブルを配置して、手すりの代わりに歩きや動作を円滑にして快適な日常生活を支える。

014

時のかけら

ちいさなこどもの世界

| Program | こどもの居場所 |
| Site | 埼玉県川越市菓子屋横丁 |

我々は十人十色の身体性を持っている。しかし、現在多用されている規格化されたような寸法は、平均的な値であり、幼児や老人など平均からはみ出た寸法を置き去りにしているのではないだろうか。

そこで、さまざまな空間体験を捉え、大人と子どもの空間知覚のギャップに着目した空間計画を行う。身長に基づく空間知覚や体験を生み出す仕掛けを建築に点在させることで、空間のギャップが顕著に現れる。

敷地は、埼玉県川越市菓子屋横丁。川越市の象徴である「時の鐘」から櫓を核とした5つの空間を構成する。

子どもたちは、見守られながら5つの櫓から広がる小さな世界に身を投じる。創られた子どもの世界では、お菓子を通して、さまざまな身体スケールが子どもと大人の関係性を結び直す。

平野 三奈
Mina Hirano

日本大学
生産工学部
建築工学科
廣田直行研究室

進路▶日本大学大学院

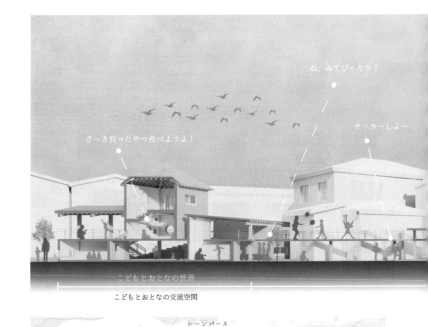

ね、みてぴったり！

さっき買ったやつ食べようよ！

サッカーしよ〜

こどもとおとなの世界

こどもとおとなの交流空間

シーンパース

菓子屋横丁の人たちとお菓子作り体験

おすそわけしてもらったお菓子を食べ、すきな本を見てくつろぐ

様々な遊びで溢れるこどもだけの大きな遊び場

広場には屋台が出店し、屋根の上で日向ぼっこ

子ども目線での世界 / おとな目線での世界

こども目線

1200

空間が連続し、奥まで見える。

おとな目線

1700

1200

上の空間の広がりに気がつく。

こども目線

800

こども図書からおすそわけスペースまで連続して見える。

おとな目線

1700

800

上を歩く子ども達が見える。空間が分断されている。

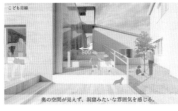

こども目線

800

奥の空間が見えず、洞窟みたいな雰囲気を感じる。

おとな目線

2000

空間が奥まで見通せる。

遠くまでみえるよ
あ！お菓子くばってる！

あっちはなにがあるんだろう〜

本棚座ってもいい？

これからお菓子つくるぞ〜

こどもだけの世界

こどもとお菓子の世界

司令塔の櫓・こども図書・おすそわけスペース

お菓子つくり体験の場

老人やこどもをはじめ、我々は十人十色の身体性を持っているはずである。しかし現在多用されている規格化されたような寸法は、平均的な値であり、幼児や老人など平均からはみ出た寸法を置き去りにしてしまっているのではないか。
現在多くの建築物は、万人が建築を使用できるようにこの身体性とスケールエラー、2つの中間地点の寸法が多用されている。

平面図

0   5   10   15 (m)

016

街の記憶

～地域を深く知るために～

Program SiteA:農業体験施設

SiteB:店舗併用住宅・交流施設

Site 埼玉県上尾市

高度経済成長期以降の日本は、交通網の発達や建物の近代化が進み、住みやすい世の中になっている。その背景と引き換えに、昔ながらの建築や街並みは少しずつ姿を消し、地域の独自性を有した建築や街並み、文化は人々の記憶から失われていると感じた。

埼玉県上尾市の原市地区はかつて市場集落として栄え、各家の前で定期的に市が行われていた。広い前庭や建物配置など、地域の背景と独自性を持って集落が構成されていた。しかし、近隣地域の発展などによって市が行われなくなり市場集落の姿は消え、人々の記憶からも街の歴史的背景や文化が姿を消している。

原市地区を対象に、歴史的背景と独自性を生かして地域の特性を知ることができ、地域住民の活動の場となるような建築や空間を提案した。

中原 知希
Tomoki Nakahara

東洋大学
理工学部
建築学科
日色真帆研究室

進路 ▶ 東洋大学大学院

□選定地域 - 埼玉県上尾市原市地区 -

　上尾市の中心部は、江戸時代に中山道の5番目の宿場町として発展していった。その同時期に市場の街、市場集落として原市地区は発展し、原市大通りは賑わっていった。当時の原市の地域的背景から、原市地区の民家には市を行うための前庭が各民家の門前に設けられ、その広さは3～5mであった。土地の利用は道路から順に、前庭→建物→屋敷林→畑であり、畑では市で出店するための野菜が育てられていた。この様に地域の背景と独自性を持って集落が構成されていた。昭和後期頃になると近隣地域の発展や交通網の発達により原市大通りの交通量が減って市が行われなくなり、市場集落としての原市は姿を消し、人々の記憶からも街の歴史的背景が姿を消していっている。

□敷地

敷地はJR上尾駅から徒歩25分の所にある原市大通りと呼ばれる通りに位置する2つの敷地

Site.A

所在地：埼玉県上尾市原市 1451-2

用途地域：なし

敷地面積：3740.67 ㎡

Site.B

所在地：埼玉県上尾市原市 1136-1

用途地域：第一種住居地域

敷地面積：3179.68 ㎡

□計画

1. 暮らしている地域を知る

訪れるだけでも地域の活動と街の独自性を知る機会になる。

3. 体験・活動をして発信する

自ら体験して人と関わり地域性を知り、発信していく。

2. 新たな出会い、発見をする

シェア畑や物の売り買いなどの地域での活動を通して地域の人と出会う。

□取り入れる原市の要素

原市大通りに対して3m～5mの前庭

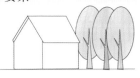

敷地の後方には木などの自然を利用

建物に敷地の裏まで通じる通り土間

□Site.A

建物配置を考慮した構想

原市の特徴である前庭→建物→屋敷林→畑の配置を参考。畑をシェア畑として地域住民が利用。さらには同敷地内で調理や販売が体験出来る計画。農業体験を行いながら街の建物計画について知る場となる。

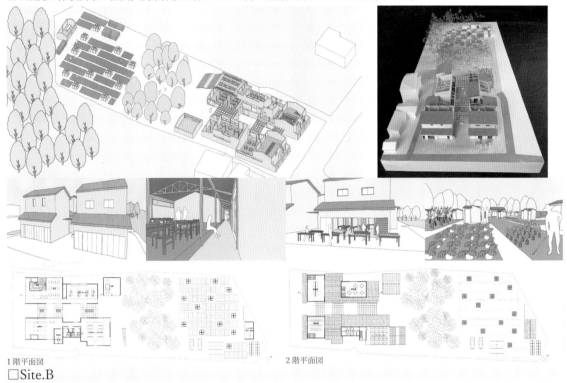

1 階平面図　　　　　　　　　　　　　　　　　2 階平面図

□Site.B

原市の建築的歴史背景を考慮した構想

市が通りで行われていた頃と同じく 3~5m の前庭を持つ店舗兼住宅が並び、当時の風景を彷彿させる。また、当時多く存在した酒蔵をモチーフとした建物を再建し、地域の憩いの場とする。

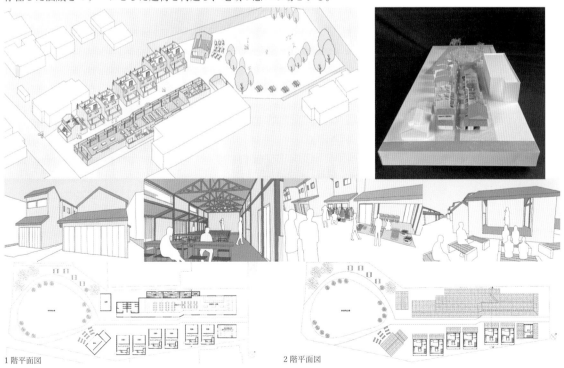

1 階平面図　　　　　　　　　　　　　　　　　2 階平面図

017
～身近な河川～

熊谷市新星川に沿った
まちづくり提案

Program｜工房・展示・親水地
Site｜埼玉県熊谷市上之

熊谷には、「熊谷染」という荒川の伏流水の湧水を水源とする星川を中心に発展した熊谷の伝統産業があり、「小紋」と「手書き友禅」は埼玉の伝統的手工芸品に指定されている。大正時代には染色業に携わる一連の業者が軒を連ね、一大染色街を形成したこともあるが、現在ではその面影を見ることはできない。熊谷染め独自の模様を街中に映すことによって、まちと熊谷染の間に再び関係を持たせる。敷地は熊谷市新星川沿い。空地や川に対して無計画に並ぶ住宅が目立ち、親水性がない。将来、文化と地域が関連した川沿いになるための「起点」として、熊谷染に関連した施設と親水性のある河川と用水路の計画、熊谷染と関連のある河川沿い景観計画を行った。この起点から発展していくことを願う。

小澤 大希
Daiki Ozawa

東京電機大学
理工学部
建築・都市環境学系
岩城和哉研究室

進路▶未定

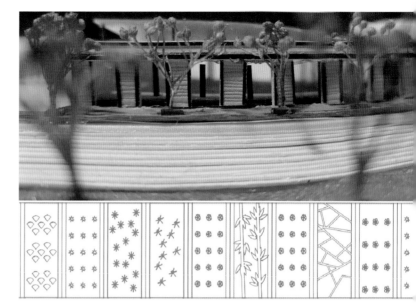

熊谷染の模様が入ったファサード側のルーバーが、川沿いを熊谷のアイデンティティが現れる通りにさせる。

熊谷染入りルーバーがまちへ波及し、熊谷の文化とまちとの関係が深まる。そして、熊谷を魅力的に彩る。

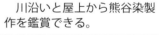

川沿いと屋上から熊谷染製作を鑑賞できる。

ルーバーか熊谷染模様の影が映る。

　新星川沿いの護岸を階段状にすること、近くを流れる成田用水路で用水分離を行うことによって、親水性を高めた。川沿いでは、休憩や談笑、川を眺めるなど日常的に川辺で活動することを可能にし、用水路では、水深が浅くなったことにより、日常的に水遊びが可能になった。より魅力的な川沿いにするために、歩道の整備と植林も行う。建物に目を向けると、屋上にデッキがある。ここから川沿いと室内の活動を眺めることができ、触発されてた人々がこの場所からさらに新たな活動を行っていく。

　熊谷には、春の軸の「熊谷さくら祭」、夏の軸の「熊谷うちわ祭」がある。選定敷地には、新たに秋の軸として「熊谷ぞめ祭」を行えるようにした。階段状のした川の護岸から見上げると、秋の紅葉と綺麗な熊谷染が映える。新たな文化発信の拠点として川沿いが機能していく。

019

町をつくる
600mの「環境帯」

町の再生を通してつくる
新たな公共性

Program 複合施設
Site 富山県射水市新湊

時が移りゆく中で、環境と人間が
より豊かに関わりあう公共の場を
考えたいと思った。敷地はかつて
漁師の町として栄えていた富山県
新湊。漁港の移転や道路・公園
の整備に伴い、海と町の距離が
遠くなり衰退してしまっている町。
時の流れを感じない漁師町で、再
び環境と人間が共にあり海のそば
で日常的な活動が展開する町とし
て、町の生活を支える複合的な機
能を持つ都市公園を提案する。建
築によって共同体を可視化し海岸
に沿った帯状の公園敷地を建築化
することで、海沿いにさまざまな日
常・非日常活動を発生させつつ、
それと直行する海岸と町をつなぐ
新たな細長い「共」空間を再整備す
る。それらの交差点は新たなコミュ
ニティの場へと再生し、新たな町の
骨格をつくっていく。

棚田 悠介
Yusuke Tanada

東京電機大学
未来科学部
建築学科
日野雅司研究室

進路▶院進予定

町をつくる600mの環境帯

－町の再生を通してつくる新たな公共性－

山海地性二回帰ス

〜走水道中、まちを結ぶ物語〜

Program 地域交流施設
Site 神奈川県横須賀市走水

「あなたが生まれ育ったまちには、今でもその場所のアイデンティティーは残されているか？」

まちの人口減少によって「消滅可能性都市」とされるまちは増えている。本計画は一つの「消滅可能性都市」に目を向け、衰退の一途を辿っているまちにおいて、地に残る歴史、文化等の継承を目指す計画である。

神奈川県横須賀市。海岸沿いに進んだ先にある「走水」という場所には、漁師が暮らしている。海や山、自然に溢れたこの場所は、かつての漁村としての名残がある。人口減少、少子高齢化。衰退しつつあるまちの背景を見通して、現存する魅力をまちの存在価値として集積させ、保存と活用を目的とした建築を提案する。訪れた人がまちを経験し、住まう人に新たな景色を魅せることを期待する。

前田 仁
Jin Maeda

東洋大学
理工学部
建築学科
田口陽子研究室

進路 ▶ 進学予定

■ 敷地/Site

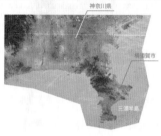

□ 敷地分析

横須賀市の人口減少は以下2点の事実から考えられる。

01 時代の変化 （曲線はまちへの関わりの変化の大きさを示す）

時代の流れに伴う**変則的な影響**

時代の流れに伴う**変則的な建築**

02 地形的な特徴

まちの地形による**一定的な影響**

まちの地形による**一定的な建築**

まちへの影響として、時代の経過による影響は変則的であり、地形的な影響は一定的に関わっていると感じる。地形的な側面から空間化することでまちに残り続けるのではないかと考えた。

建築では、変則的に現れ、消える建築として、時代に沿ってできた造船場のようなものがある。まちと一定的に関わる建築として、地形に沿ってできた坂道や階段、トンネル、漁港などの介入は残り続けると考える。

■ まちの様子/Scene

残すべき走水のアイデンティティーを探るべく、フィールドワークによる敷地調査を行う。街歩きと居合わせた人との対談を通じて、走水での生活のリアルや人々の想いを集積させていく。

□ 01.まちの要素

□ 02.暮らしのシーン

Scene01-まちと水

Scene02-まちと景色

Scene03-まちと暮らし

Scene04-まちと漁業

国道16号線が街を通る唯一の道として機能している。隣町からの導線は海岸の埋め立てにより開通したという。この道を軸に、走水の生活が機能している。フィールドワークを行う。暮らしのシーンとして、現存しているまちの生活のリアルを集積させていく。海岸沿いを基盤として、生活が「水」に根付いていることがわかった。

以上の調査内容から、以下三つの事実が得られた。

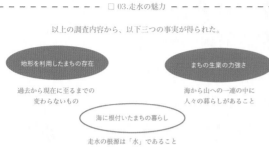

地形を利用したまちの存在

過去から現在に至るまでの
変わらないもの

まちの生業の力強さ

海から山への一連の中に
人々の暮らしがあること

海に根付いたまちの暮らし

走水の根源は「水」であること

既存の漁港を中心として、まちの魅力を集積させ、継承するための拠点を計画する。

外部から訪れる人に対して、経験と体験

走水漁港

によるまちの再認識のための場を提案する。自然豊かな地形の特徴から街を通る一本の道から拠点への導線を計画し、集積させる魅力を次の4つのプログラムに落とし込む。

走水アイデンティティー創出計画

Program I	Program II	Program III	ProgramIV
海岸で語らう	海で遊ぶ	港で知る	山に集う

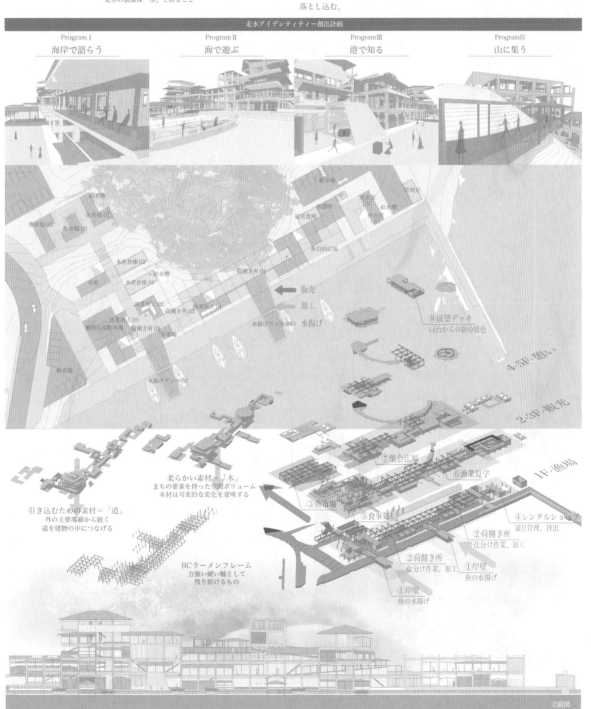

販売
加工
水揚げ

⑧展望デッキ
高台からの街の景色

4・5F-憩い

2・3F-観光

⑦集会広場

⑥漁業見学

1F-漁場

③魚市場

⑤食事処

④レンタルショップ
道具管理、貸出

②荷捌き所
仕分け作業、加工

①岸壁
魚の水揚げ

②荷捌き所
仕分け作業、加工

①岸壁
魚の水揚げ

柔らかい素材=「木」
まちの要素を持った空間ボリューム
木材は可変的な変化を意味する

引き込むための素材=「道」
外の主要導線から続く
道を建物の中につなげる

RCラーメンフレーム
力強い硬い軸として
残り続けるもの

立面図

024

祝祭空間の再興

水道橋櫓酒場

―――――――

Program 複合交流施設
Site 東京都千代田区水道橋駅前

新型コロナウイルス流行は、人々の空間・時間の共有を困難にし、人と人との直接的な交流を希薄にした。大学2年の頃からこの生活を送る私たちも多くの体験や出会いの機会を失った。そんな私の学生生活の中で、制限を受けながらも人と出会い、関係を深めたかけがえのない場所は"飲みの場"であった。この経験をもとに、多様な人々が集い、コミュニケーションを演出する理想的な空間のあり方を追求しようというのが本計画である。娯楽施設や学生街、オフィス街など多くの機能が交錯する水道橋駅前を敷地とし、神田川を挟んで向かい合う2本の橋によってつながれた建物は、互いに視線の交錯を生む。またレベルの連続的な変化によって空間に一体感を生み、自由な姿勢や行為を誘発させる。

住吉 祥季
Saki Sumiyoshi

東洋大学
ライフデザイン学部
人間環境デザイン学科
櫻井義夫研究室

進路 ▶ 就職

01 計画敷地

　計画敷地はJR水道橋駅前。神田川を挟み2棟計画し、橋でつなぐ。既存の水道橋駅のホームとも直接の行き来を可能とする。
　この場所は野球やアーティストのライブが開催される東京ドーム、格闘技の聖地といわれる後楽園ホール、日本最大規模の場外馬券場であるWINS後楽園など大規模集客施設を有する。野球の試合がある日は空間がユニフォームの2色に、アイドルのライブがあればそれぞれの推しメンカラーでカラフルに染まり、競馬があれば赤いえんぴつを耳にかけた人が新聞片手に集まる。この場所では、日によって集う人、出来上がる景色が変わる飲み屋街建築が形成される。

02 ダイアグラム

　今回の計画では、利用者の過ごし方を、「立ち」「椅子座」「床座」の3パターンに分類し、それぞれが混在する。

~立ち~
・人間同士の距離が近づく。
・空間の自由度が高い。
・長時間の滞在には向かない。
~椅子座~
・人間同士の距離が離れる。
・空間の自由度が低い。
・長時間の滞在に向く。
~床座~
・人間同士の距離が近づく。
・比較的空間の自由度が高い。
・比較的長時間の滞在に向く。

　吹き抜けやスラブレベルのズレを用いて上下の空間的つながりを演出する。
　スラブレベルのズレを、一般的な飲食用テーブルの高さである 750mm ～ 800mm に設定することで、テーブルのレベルがそのまま次のスラブのレベルへと繋がっていく。

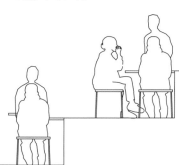

　フロアレベルとテーブルレベルの差を 110mm 程度、スキップフロアとテーブルレベルの差を 300mm 程度に設定。
　このようなレベル差を用いて、空間全体に、3つの過ごし方をさまざま混在させる。
　これにより、好む過ごし方や空間の使い方が異なる人同士のコミュニティー形成が可能となる。

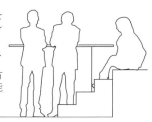

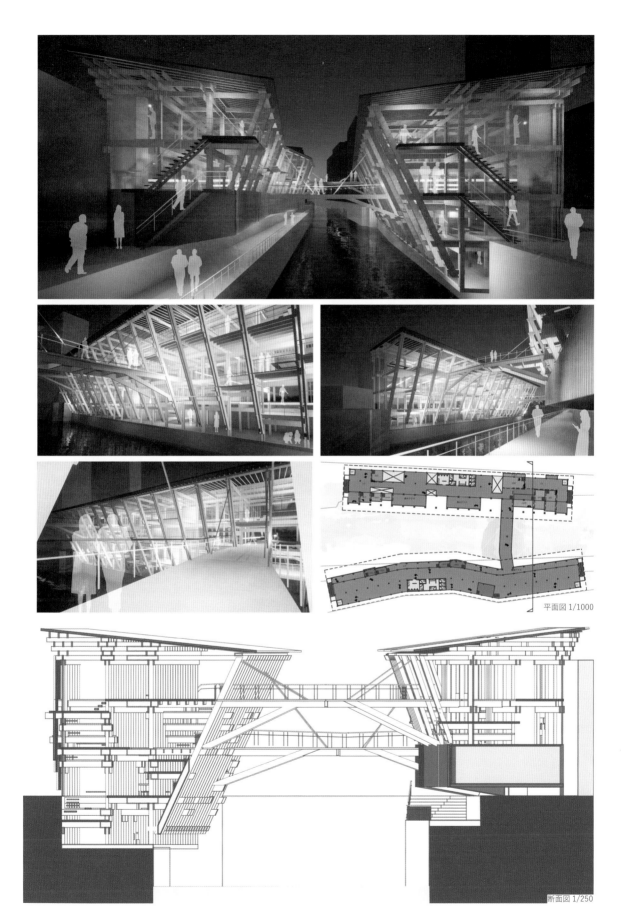

平面図 1/1000

断面図 1/250

時を超えた
大地の護り場

つくば市金田城趾に重ねる
仮り暮らしの長屋

Program｜集合住宅
Site｜茨城県つくば市金田

本計画では、一時的な避難の場として使われていた金田城趾に、現代の一時的な避難場所である「仮り暮らし」に合わせた長屋を設計することで、かつての大地に護られていた安心感を取り戻す。こうした場は、所在地も隠される必要があるため、かつての曲輪に掘り込んだ計画とした。採光を確保するために光庭を設け、その間に生活の場がつくられる。光庭を囲む住戸では、庭に設けた窓を通して視線が向かい合わないように床の高さを変化させた。住戸内では、閉じこもるような個室を設けないように水回りで場所を区切り、複数の共有スペースに対して入口を設けた。この掘り込まれた仮り暮らしの長屋での生活で、大地に護られている安心感が取り戻される。

片岡 俊太
Shunta Kataoka

日本工業大学
建築学部
建築学科
吉村英孝研究室

進路▶日本工業大学大学院

☐ 過去の避難：「一時避難の場」としての役割

金田城は、小田城が襲撃された際の「一時的に避難する城」として使われていて、大きな堀と土塁によって護られていた。現在は、私有地となっており、その様子を窺い知ることは出来ない。

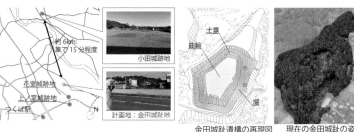

金田城趾遺構の再現図　　現在の金田城趾の姿

☐ 現代の避難：「仮り暮らし」に合わせた長屋

一時的な避難の場として使われていた金田城趾に、現代の一時的な避難場所である「仮り暮らし」に合わせた長屋を設計することで、かつての大地に護られていた安心感を取り戻す。

☐ 住居の空間構成

閉じこもるような個室を設けないように水回りで場所を区切り、複数の光庭に対して入り口を設ける。水回りの壁を曲面とすることで、角がなく住む人が安心感を得られる。

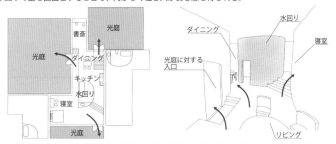

☐ 複数の住居に面する光庭

各住居は必ず二つ以上の光庭に面しているため、空間的には一つでも、動線的には分かれたものとなっており、人との関わりをある程度選択できるようになっている。

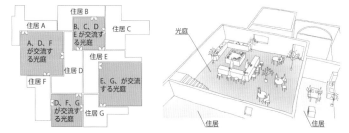

☐ 長屋形式によって可能となる期を経た展開

増築可能な長屋形式とすることで、需要に合わせて増築し、徐々に部屋数が増えていくことで、住民同士の交流が広がっていく。

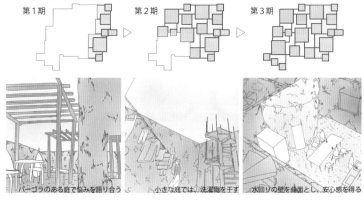

第1期　　　　第2期　　　　第3期

パーゴラのある庭で悩みを語り合う　　小さな庭では、洗濯物を干す　　水回りの壁を曲面とし、安心感を得る

語り合いの庭
星見の庭
作業の庭
物干し庭
物干し庭
物干し庭
物干し庭
物売りの庭
物干し庭
催し物の庭
野菜作りの庭
勉強の庭
休憩の庭
料理の庭
物干し庭
遊びの庭
物干し庭
物干し庭
読書の庭
受付管理室

長屋形式とすることで、各住居が独立したアプローチを持つ

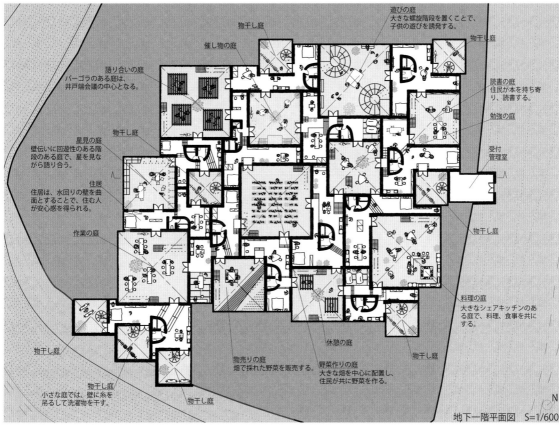

物干し庭

催し物の庭

遊びの庭
大きな蝶旋階段を置くことで、子供の遊びを誘発する。

物干し庭

語り合いの庭
パーゴラのある庭は、井戸端会議の中心となる。

読書の庭
住民が本を持ち寄り、読書する。

勉強の庭

物干し庭

受付管理室

星見の庭
壁伝いに回遊性のある階段のある庭で、星を見ながら語り合う。

住居は、水回りの壁を曲面とすることで、住む人が安心感を得られる。

作業の庭

物干し庭

料理の庭
大きなシェアキッチンのある庭で、料理、食事を共にする。

物干し庭

物干し庭
小さな庭では、壁に糸を吊るして洗濯物を干す。

物売りの庭
畑で採れた野菜を販売する。

野菜作りの庭
大きな畑を中心に配置し、住民が共に野菜を作る。

休憩の庭

物干し庭

N

地下一階平面図　S=1/600

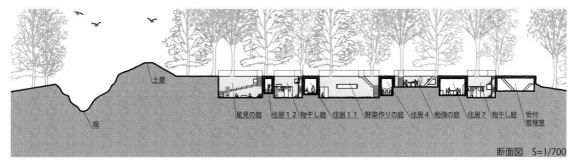

土塁

畑

星見の庭　住居12　物干し庭　住居11　野菜作りの庭　住居4　勉強の庭　住居7　物干し庭　受付管理室

断面図　S=1/700

Program 美術館
Site 東京都台東区蔵前

私たちの周りはさまざまなアートやデザイン、モノづくりで溢れている。その中でそれらは役割分化され、それぞれが別のものと捉えられる傾向にある。私はそれらを一体的に捉えることで、アートもクラフトも「等価」に扱う、鑑賞と創造の空間が混在した個人の個性や才能を伸ばすことのできる学びの場を設計する。この時アートやクラフトに着目することで、学びの場といいつつも学校ではなく美術館という形態を選択した。そうすることで小学校の時の図画工作の授業のような気軽さや楽しさ、賑やかさの溢れる学びの空間をつくりつつも、従来の美術館に比べ、誰もが簡単に訪れ、アートに触れ合い、ホワイトキューブから溢れ出ていくような芸術の場を設計する。

鈴木 なみ
Nami Suzuki

東京電機大学
未来科学部
建築学科
日野雅司研究室

進路▶東京電機大学大学院

ギャラリールーム
アーティストによる作品の展示や、訪れた人がクラフトルームでつくった作品を自由に展示していくことができる。

クラフトルーム
アーティストや訪れた人が自由に作品制作をしたり、街の職人さんなどによるワークショップの開催を行う。

2層吹き抜けのキューブ
2層分の高さのあるキューブにスキップフロアを挿入し、キューブ内外に変化をつけていく。

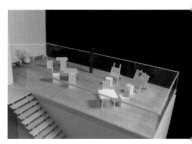

屋外テラス
アーティストや訪れた人の外での制作活動の場となる。また制作活動の休憩の場ともなる。

フリースペース
キューブ内の決まった空間とは異なり、キューブから活動が溢れだしていくように配置されている。設えも曲線を使い、アートもクラフトもその他の活動も自由にできるスペースとして表現した。

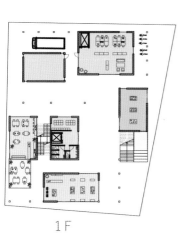

1 F

2 F

3 F

4 F

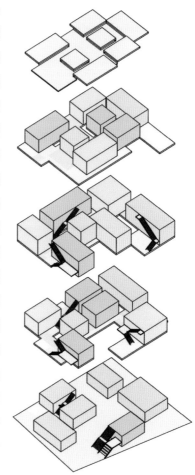

居住空間としての モバイルハウスの 設計

—プロトタイプによる 日本一周の実証実験を 通して—

Program モバイルハウス
Site ―

コロナ禍でリモートワークやサテライトオフィスでの働き方が推奨され、自由な働き方が求められている。そこで移動居住空間としてモバイルハウスを用いた新たな生活スタイルを提案する。モバイルハウス全体に自分自身の身体寸法を用いて、必要最小限のミニマルな空間設計を行った。

渡邊 大也
Daiya Watanabe

ものつくり大学
技能工芸学部
建設学科
今井弘研究室

進路 ▶ 就職

プランニング

山梨県で生まれ育ち、小さいころから海に対して憧れや魅力を感じていたので、船舶をモチーフにしたモバイルハウスで海岸を走ることを目標にデザインした。窓から海の見える家に住みたいという想いをもとに、右側面には大きな白い窓を採用し、左側面には、船舶を想像させる丸窓を設置して大きく開口し、集いの場にもなるようにした。また、車両は海に見立てて水色に塗装する。

モバイルハウスとは

トラックの荷台に載せる小屋のことである。荷物として扱われるため、サイズや重量などの基準を満たしていれば、手続きせず公道を走ることが可能である。キャンピングカーのように車中泊の旅を楽しんだり、二地域生活の拠点として活用したりする人も多い。

重量＝最大 350kg（家具や寝具などを含む）

全幅＝ベース車の全長＋はみ出し部分（全長の 10 分の 1 以下）

全高＝2500mm 以内

全長＝ベース車の全長＋はみ出し部分（全長の 10 分の 1 以下）

全幅＝ベース車の全長＋はみ出し部分
(全長の10分の1以下)

設計

モバイルハウス全体に自分自身の身体寸法を用いて、必要最小限のミニマルな空間設計を行った。背面入り口は、自分の肩幅である40cmをもとに扉の大きさを定め、右側面の白い窓の高さは、自分が座った時の目線の高さ87cmに合わせて設計した。室内空間は足を伸ばして横になれる寸法である174cmとなっている。

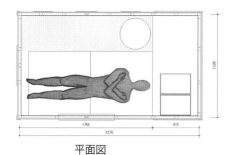

平面図

断面図

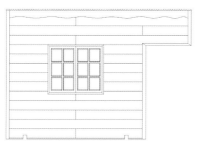

右側立面図

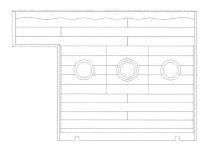

左側立面図

塗装施工　　木材加工　　枠組施工　　床板断熱施工　　枠組組み立て

壁面断熱施工　　防水施工　　屋根枠施工　　窓枠施工　　外壁塗装

外壁施工　　建具施工　　コーキング施工　　縁材施工　　屋根板施工

積載と固定　　開口部仕上げ　　内装下地施工　　内装仕上げ　　完成

030
流動する余薫

Program 複合商業施設
Site 東京都杉並区高円寺

建築は器である。人や什器が介入してこそ価値が現れる。本設計の提案地である高円寺には"雑多"という概念が存在する。これは、建築から溢れる什器やそれに集まる人、さらには建築本体のさまざまなマテリアルまでもが一括りにされている。しかし、そんな高円寺にも都市計画道路による街並みの改編の影響で、商店街の大部分が破壊されてしまう問題に直面している。この問題に対し住民は、反対運動を起こしている。しかし行政は、木造密集地であるこの地に延焼遮断帯を形成する目的があった。そんな破壊行為により、人々が利用していた空間や居場所は失われるだけで良いのだろうか。住民と行政の両方の立場となり、高円寺の町並みを残しながら高層化を図り、住民の記憶や居場所を修繕していく。

真塩 凌弥
Ryoya Mashio

東京電機大学
未来科学部
建築学科
日野雅司研究室

進路▶東京電機大学大学院

フィールドワークによる分類と要素抽出

領域から溢れ出る雑多の要因　建築内部の路地　雑多の要因

庇　道に開く開口面積　意図しない使われ方　路地空間

領域から溢れ出る雑多の要因　建築内部の路地　雑多の要因　庇　開口面積　意図しない使われ方　路地空間　路地への溢れだし　個人所有物

都市計画によるフェーズ分け

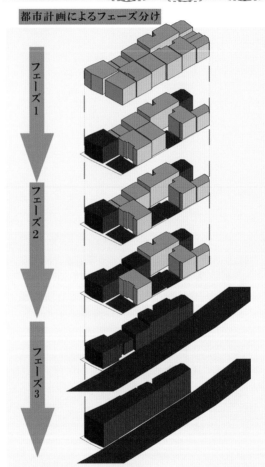

既存建築

フェーズ1　建物の撤退によるボイド空間の形成

建物の撤退によるボイド空間の形成

フェーズ2　建物の撤退と結合

建物の結合と道路の形成

フェーズ3　道路の形成と高層化

平面的な手法例

この空間は元々、異なるもの同士の用途であった。元々住居であった奥の空間は建具を外しカーテンを用い、手前の会議室の仕切りと同様にカーテンを用いることで連続間を出す。

断面な手法例

この空間は、元々洋服屋であった1階を床を抜いて2階の喫茶店と空間を繋いだ。RCの梁を用いている為、そこが古着を掛ける棚や視覚的に連続性のある空間へと演出した。

フェーズ3アクソメ図

本来の商店街のファサード面を保存するために、骨格を挿入し、それに付随する空間での活動は什器などの風景マテリアルをベースとして空間が縦横に拡張される。

階層的にカーテンを用いることで空間的に均一感を出す

領域から溢れ出る雑多な要因

居酒屋商店街を中に入れ空間内に路地空間を作る
庇

外骨格形成による
屋根上空間
意図しない使われ方

ランドリーと隣接することで空間内にラックを設け領域を広げる

領域から溢れ出る雑多な要因

クリーニングの店舗領域を広げ外までラックを出す
領域から溢れ出る雑多な要因

結合により外壁が内壁に変化する
雑多な要因

既存の床を用いてスキップフロアに変化させ空間を作る
雑多な要因

本棚が壁代わりになり空間を区切る
雑多な要因

古着屋空間に隣接する喫茶店の什器を入れる
領域から溢れ出る雑多な要因

吹抜けを介して視覚的に多目的スペースと繋がる

突き出た梁を古着のラックとして利用する
意図しない使われ方

階段として機能しなくなった物の新しい用途
意図しない使われ方

食堂に楽器を置くことで音を上の階に広げる
領域から溢れ出る雑多な要因

古着のラックを用いた空間の拡幅
領域から溢れ出る雑多な要因

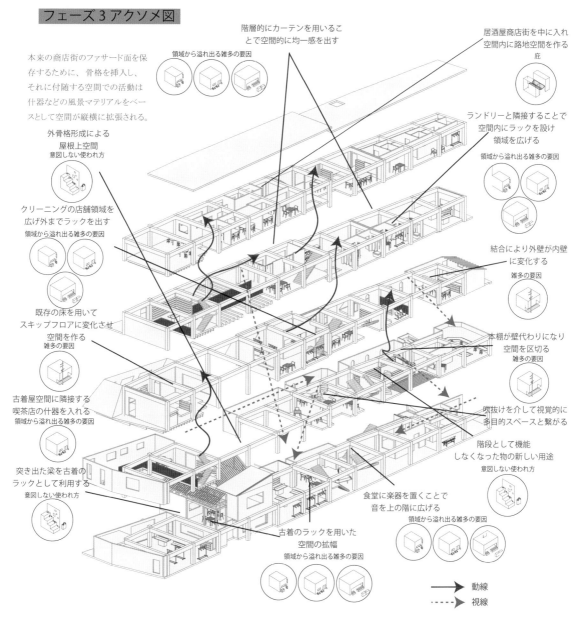

→ 動線
┈┈▶ 視線

GRADUATION DESIGN
CONTEST 2023
Chapter 4

研修旅行記

第22回卒業設計コンクール 受賞者研修旅行記

海外研修旅行記 …フランス10日間の旅

[2022年埼玉県知事賞]

髙宮 弥

日本工業大学 建築学部 建築学科 足立真研究室
※所属は出展当時のもの

初めての海外旅行で不安な気持ちが大きかったのですが、毎日たくさんの建築を見に行くことができ、とても充実した日々を過ごすことができました。この旅行記では訪れた建築や旅でのエピソードなどをお話しできたらと思います。

Day1 モン・サン・ミッシェル

モン・サン・ミッシェル（01）は世界遺産の一つで、四方を海に囲まれ、岩山の上に住宅やお店、礼拝堂や修道院がある街です。礼拝堂・修道院までの道のりに商店街（02）があり、それらをぐるっと囲むように住宅が建ち並んでいます。世界遺産というと厳重に管理されているイメージがあったので、商店街の賑やかな雰囲気には驚きました。すぐに修道院まで訪れるつもりでしたが、住宅街（03-04）がとても面白くて3時間ほど歩いてやっと修道院へ向かいました（笑）。夕食はガレット（そば粉のクレープ）を食べました（05）。

Day2 レンヌ街歩き

レンヌという街に従姉が住んでいるため、10日間のうち3日はホームステイをさせてもらいました。2日目は、従妹の職場の一つである書道教室の見学（06）をさせてもらいつつ、仕事の合間に街の案内をしてもらいました。レンヌには現在の市街地の他に旧市街地があります。実は400年前に大火事が起きてしまい、その際にほとんどの建物が燃えてしまったそうです。旧市街地は火事の被害を受けなかった場所で、当時の街並みが保全されています（07）。市街地では伝統的な石造りの建物の他（08）、新築の施設やマンションも多く（09）、いろいろな表情のある素敵な街でした。

Day3 サン＝マロ

ホームステイ最終日は、サン＝マロ（10）に連れて行ってもらいました。港町のため、たくさんの船が停泊しており、綺麗に残った城壁は遊歩道として使われています。城壁からの眺め（11）もとても綺麗で、歴史を感じる佇まいも素敵な街でした。

Day4 ブルス・ドゥ・コメルス／フォーラム・デ・アール

ブルス・ドゥ・コメルス（12-13）は安藤忠雄氏による改修工事が行われた現代美術館です。歴史ある建物とコンクリートという相反するものを使っているのに違和感がなく、互いを引き立て合うようなとても素敵な空間でした。フォーラム・デ・アール（14-15）は駅に直結している大型のショッピングモールです。建築の一番の特徴は大きな屋根で、架構の存在感が強いのに軽やかな印象があり、日光を反射する姿はとても綺麗でした。

(Day5) パリの観光地巡り

　この日はパリの観光名所を中心に訪れたのですが、その道中でセーヌ川に架かる歩道橋を見つけたので渡ってきました（16-17）。橋の上でくつろぐ人や景色を眺めている人がいてとても素敵な場所でした。オルセー美術館（18）は天井のガラスがとても綺麗で、装飾も派手すぎず上品な印象でした。モンマルトル（19）はパリで最も標高の高い街で、坂道も多いです。教会の近くには画家が集まる広場もあり、即興で似顔絵を書いたり絵を販売したりと賑わっていました。凱旋門（20）は想像していたよりも大きくて、上るのが大変でしたが、とても眺めがよくパリの景色を一望できました。エッフェル塔（21）はさすがパリの顔という存在感があり、時間帯によっていろいろな表情が見られます。

(Day 6-10) 建築巡り

　ルーヴル美術館（22-23）では装飾が展示スペースによって異なり、飽きずに変化を感じながら楽しめました。フォンダシオン・ルイ・ヴィトン（24）はフランク・ゲーリー設計。ぐるりとカーブしたガラスの壁が覆う、大迫力の美術館です。屋上にとても心地の良いテラスがありゆっくり過ごせました。アトリエ・ワンの公営集合住宅（25）はポコポコしたテラスがかわいらしいファサードで、豊かな暮らしの一面が表出していてとても素敵でした。パリ市高等裁判所（26）では法服を着た裁判官の人たちが仲良く話しながら歩いていたり、裁判所ということを忘れてしまうほど開放的な場所でした。ポンピドゥー・センター（27）は通常の建物では内側にしまわれたり隠されたりする設備機器や配管を、ポップなカラーで全面に表出しています。歴史ある石造りの建物ばかりの街並みからいきなり現れてそのギャップにまず驚きました。格好良さとかわいらしさどちらもあって、半世紀も前につくられた建物とは思えないほど洗練された印象です。カルティエ財団現代美術館（28）は歩道と美術館の間に建てられた大きなガラスの壁が特徴的です。木々がたくさん植えられ、森のような広場ではカフェとテラスがあって食事もできます。建物に沿って歩道があるため作品を外からも中からも見ることができ、両者の境界が曖昧で心地よく開放的な場所でした。その他にもコルビュジエの家具が展示されるギャラリー（29）やフランス国立図書館（30）、サント・シャペル（31）やオペラ座（32）などたくさんの建築を見に行きました。

(Day8) ル・コルビュジエの建築巡り
サヴォア邸／ラ・ロッシュ邸／コルビュジエのアトリエ

　まずはサヴォア邸（33）に行きました！佇まいがとても凛々しく、周辺の穏やかな雰囲気も相まって感動しました。念願のピロティや屋上庭園も体験でき、いろいろなディテールまで見られて大満足です。ラ・ロッシュ邸（34-35）ではピロティは小さな広場のようになっていて、歩くのが楽しかったです。室内にはたくさんの動線があり、ひとつの住宅であることを忘れてしまいます。特にスロープの曲線が綺麗で、勾配は少し急でしたが水平の連続窓のラインが美しかったです。コルビュジエの椅子が何点かあっ

て、実際に座ったりもできました！コルビュジエが実際に晩年を過ごしていたアトリエ（36）では、さまざまな場所から愛着を持って過ごしていたのが伝わってきて、暖かい気持ちになりま

した。6階建ての屋上はとても開放的かつコンパクトで、パリの街並みを眺めながら落ち着ける素敵な空間でした。

他の追随を許さない唯一無二の「講習システム」と「合格実績」

令和4年度 1級建築士 学科・設計製図試験

[令和4年度 学科＋設計製図]
全国ストレート合格者占有率 No.1 57.9%

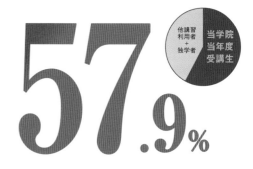

他講習利用者＋独学者／当学院当年度受講生

全国ストレート合格者 1,468名中／当学院当年度受講生 850名

令和4年度 1級建築士 設計製図試験 卒業学校別実績 (合格者数上位10校)

右記学校卒業生
当学院占有率
58.1%
右記学校出身合格者 807名中／
当学院当年度受講生 469名

	学校名	卒業合格者数	当学院受講者数	当学院占有率		学校名	卒業合格者数	当学院受講者数	当学院占有率
1	日本大学	149	91	61.1%	6	工学院大学	63	48	76.2%
2	東京理科大学	123	67	54.5%	7	明治大学	60	34	56.7%
3	芝浦工業大学	96	62	64.6%	8	法政大学	56	33	58.9%
4	早稲田大学	79	36	45.6%	9	神戸大学	55	28	50.9%
5	近畿大学	74	46	62.2%	10	千葉大学	52	24	46.2%

※当学院のNo.1に関する表示は、公正取引委員会「No.1表示に関する実態調査報告書」に基づき掲載しております。　※総合資格学院の合格実績には、模擬試験のみの受験生、教材購入者、無料の役務提供者、過去受講生は一切含まれておりません。　※全国合格者数・全国ストレート合格者数・卒業学校別合格者数は、(公財)建築技術教育普及センター発表に基づきます。　※学科・製図ストレート合格者とは、令和4年度1級建築士学科試験に合格し、令和4年度1級建築士設計製図試験にストレートで合格した方です。　※卒業学校別実績について総合資格学院の合格者数には、「2級建築士」等を受験資格として申し込まれた方も含まれている可能性があります。(令和4年12月26日現在)

 総合資格学院

東京都新宿区
西新宿1-26-2
新宿野村ビル22階
TEL.03-3340-2810

スクールサイト
www.shikaku.co.jp 総合資格 検索

コーポレートサイト
www.sogoshikaku.co.jp

令和4年度
2級建築士 学科試験

当学院基準達成
当年度受講生
合格率 **95.0%**
全国合格率42.8%に対して

8割出席・8割宿題提出・総合模擬試験正答率6割達成
当年度受講生498名中／合格者473名〈令和4年8月23日現在〉

令和4年度
1級建築施工管理技術検定 第一次検定

当学院基準達成
当年度受講生
合格率 **91.2%**
全国合格率46.8%に対して

7割出席・7割宿題提出
当年度受講生328名中／合格者299名〈令和4年7月15日現在〉

Twitter ⇒「@shikaku_sogo」
LINE ⇒「総合資格学院」
Facebook ⇒「総合資格 fb」で検索!

開講講座 1級・2級 建築士／建築・土木・管工事施工管理／構造設計1級建築士／設備設計1級建築士／宅建士／インテリアコーディネーター／建築設備士／賃貸不動産経営管理士

法定講習 一級・二級・木造建築士定期講習／管理建築士講習／第一種電気工事士定期講習／監理技術者講習／宅建登録講習／宅建登録実務講習

総合資格 navi

建築・土木学生 のための 建設業界総合情報サイト 全学年対象

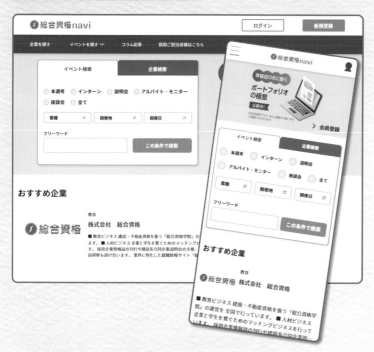

建築・土木系学生の学生生活を
入学から卒業まで
徹底サポートします！

登録はこちら！
▽

［学校生活に役立つ！ 就職活動に役立つ！］

① スカウトDMが届く
あなたを必要とする企業から直接DMが届きます。

② 選考に通過したエントリーシートが見られる
ログインすると内定者のエントリーシートが閲覧できます。

③ 業界セミナー等、イベント情報を掲載・参加予約が可能
総合資格が主催する建築学生向けセミナーなどのイベント情報をいち早く取得、
参加予約ができます。

④ 建築系企業のアルバイト募集へ応募できる
建築学生を募集しているアルバイト・モニター情報を多数掲載！
日時や対象学校区分等の条件で簡単に検索、応募できます。

⑤ インターンシップや説明会、選考へ簡単エントリー
企業情報と共に、会社説明会・インターンシップや本選考情報などを多数掲載！
気になる企業イベントに対し、簡単に情報が入手でき、エントリーも可能です。

⑥ 建設業界のイマ情報が得られる
全国の建築学校の取組みや建設業種ガイド、模型製作のノウハウなど
建設業界の知識が深まる情報を多数掲載。

 総合資格 navi 運営事務局 ［E-mail］ navi-info@shikaku.co.jp

総合資格学院の本

試 験 対 策 書

建築士試験対策
建築関係法令集 法令編
定価：1,999円
判型：B5判

建築士試験対策
建築関係法令集 法令編S
定価：1,999円
判型：A5判

建築士試験対策
建築関係法令集 告示編
定価：1,999円
判型：B5判

1級建築士学科試験対策
学科 ポイント整理と確認問題
定価：3,850円
判型：A5判

1級建築士学科試験対策
学科 厳選問題集 500＋125
定価：3,850円
判型：A5判

1級建築士学科試験対策
学科 過去問スーパー7
定価：3,850円
判型：A5判

2級建築士学科試験対策
学科 ポイント整理と確認問題
定価：3,630円
判型：A5判

2級建築士学科試験対策
学科 厳選問題集 500＋100
定価：3,630円
判型：A5判

2級建築士学科試験対策
学科 過去問スーパー7
定価：3,630円
判型：A5判

2級建築士設計製図試験対策
設計製図テキスト
定価：4,180円
判型：A4判

2級建築士設計製図試験対策
設計製図課題集
定価：3,300円
判型：A4判

宅建士試験対策
必勝合格 宅建士テキスト
定価：3,080円
判型：A5判

宅建士試験対策
必勝合格 宅建士過去問題集
定価：2,750円
判型：A5判

宅建士試験対策
必勝合格 宅建士オリジナル問題集
定価：2,200円
判型：四六判

1級建築施工管理技士
第一次検定問題解説
定価：2,750円
判型：A5判

2級建築施工管理技士
第一次検定・第二次検定問題解説
定価：1,870円
判型：A5判

2級建築施工管理技士
第一次検定テキスト
定価：2,420円
判型：A5判

1級管工事施工管理技士
第一次検定問題解説
定価：2,970円
判型：B5判

1級管工事施工管理技士
第二次検定問題解説
定価：3,080円
判型：B5判

建築模型で学ぶ！木造軸組構法の基本
定価：7,700円
判型：A4判変形

設 計 展 作 品 集 ＆ 建 築 関 係 書 籍

建築新人戦オフィシャルブック
定価：1,980円
判型：A4判

建築学縁祭オフィシャルブック
定価：1,980円
判型：B5判

JUTAKU KADAI 住宅課題賞
定価：2,420円
判型：B5判

Diploma×KYOTO
定価：2,200円
判型：B5判

歴史的空間再編コンペティション
定価：1,980円
判型：B5判

DESIGN REVIEW
定価：2,200円
判型：B5判

NAGOYA Archi Fes
定価：1,980円
判型：B5判

卒、全国合同建築卒業設計展
定価：1,650円
判型：B5判

JIA 関東甲信越支部 大学院修士設計展
定価：1,980円
判型：A4判

赤れんが卒業設計展
定価：1,980円
判型：B5判

みんなこれからの建築をつくろう
定価：3,080円
判型：B5判

構造デザインマップ 東京
定価：2,090円
判型：B5判変形

構造デザインマップ 関西
定価：2,090円
判型：B5判変形

環境デザインマップ 日本
定価：2,090円
判型：B5判変形

STRUCTURAL DESIGN MAP TOKYO
定価：2,090円
判型：A5判変形

※すべて税込価格となります

お問い合わせ
総合資格学院 出版局
［URL］ https://www.shikaku-books.jp/
［TEL］ 03-3340-6714

GRADUATION DESIGN CONTEST 2023

埼玉建築設計監理協会主催　第23回 卒業設計コンクール　**作品集**

発 行 日　　2023年7月26日

編　　著　　埼玉建築設計監理協会

発 行 人　　岸 和子
発 行 元　　株式会社 総合資格　総合資格学院
　　　　　　〒163-0557　東京都新宿区西新宿1-26-2 新宿野村ビル22F
　　　　　　TEL 03-3340-6714（出版局）
　　　　　　株式会社 総合資格 ………………… http://www.sogoshikaku.co.jp/
　　　　　　総合資格学院 ……………………… https://www.shikaku.co.jp/
　　　　　　総合資格学院 出版サイト ………… https://www.shikaku-books.jp/

編　　集　　株式会社 総合資格　出版局（梶田 悠月、金城 夏水）
デザイン　　株式会社 総合資格　出版局（三宅 崇）
表 1 作品　　宮本 早紀「北本循環交流神社　氏子が生み出す多世代コミュニティ」
表 4 作品　　馬場 琉斗「東京浸透水域 ―根となる擁壁の更新と幹となる建築の更新―」
印　　刷　　シナノ書籍印刷株式会社

ISBN 978-4-86417-498-5
Printed in Japan